Seu cachorro é o seu espelho

Kevin Behan

Seu cachorro é o seu espelho

Tradução
Gilson César Cardoso

MAGNITUDDE

MAGNITUDDE

Seu cachorro é o seu espelho
Título original: *Your dog is your mirror*
New World Library – 14 Pamaron Way
Novato, California 94949

***Magnitudde* é um selo da Lúmen Editorial Ltda.**

1ª edição - abril de 2012

Direção editorial: *Celso Maiellari*
Coordenação Editorial: *Fernanda Rizzo Sanchez*
Projeto Editorial: *Estúdio Logos*
Preparação de originais: Balão Editorial
Revisão: Ricardo Franzin
Capa: Thiago Sousa / all4type.com.br
Projeto gráfico e diagramação: all4type.com.br
Foto de capa: Steven Puetzer/Getty Images
Impressão e acabamento: Orgrafic Gráfica

DADOS INTERNACIONAIS DE CATALOGAÇÃO NA PUBLICAÇÃO (CIP)
(CÂMARA BRASILEIRA DO LIVRO, SP, BRASIL)

Behan, Kevin
Seu cachorro é o seu espelho / Kevin Behan ; tradução Gilson César. -- São Paulo : Lúmen, 2012.

Título original: Your dog is your mirror.
ISBN 978-85-7813-066-4

1. Cães - Hábitos e comportamento 2. Relação homem-animal I. Título.

12-03475 CDD-636.7089689

Índices para catálogo sistemático:
1. Cães : Comportamento : Ciências veterinárias
636.7089689

Lúmen Editorial Ltda.
Rua Javari, 668 - São Paulo - SP
CEP 03112-100 - Tel/Fax (0xx11) 3207-1353

visite nosso site: www.lumeneditorial.com.br
fale com a Lúmen: atendimento@lumeneditorial.com.br
departamento de vendas: comercial@lumeneditorial.com.br
contato editorial: editorial@lumeneditorial.com.br
siga-nos nas redes sociais:
@lumeneditorial
facebook.com/lumen.editorial1

2012

Impresso no Brasil - *Printed in Brazil*

SUMÁRIO

PREFÁCIO

"O PROBLEMA NÃO É COM O CÃO"

Rosy é a *cocker spaniel* de Linda, uma psicoterapeuta, e sua história ilustra bem o tema deste livro. Linda apareceu em minha fazenda com Rosy debruçada no banco do passageiro de um carro de luxo recém-lavado, encerado e, não sei como, ainda brilhante, já que acabara de percorrer uma estrada lamacenta até seu destino. Por dentro, o carro tinha estofamento de couro claro, imaculado. Quando Linda abriu a porta, Rosy saltou sobre seu colo e correu para mim, com mostras de exuberante cordialidade. Em seguida, no chão, não parou de se movimentar, puxando a guia até onde podia e tentando fuçar na sujeira ao lado da estrada. Linda me deu um *oi* rápido, e ficou quase o tempo todo às voltas com Rosy, que farejava os milhares de aromas locais, erguendo a cabeça de vez em quando para examinar o horizonte longínquo e novo à sua frente. Estremeci com a ideia de suas patas imundas emporcalhando o carro irrepreensivelmente limpo. Mas, de algum modo, eu sabia que Linda não se importava com isso.

Por fim, conseguimos impor a ordem e começamos nossa consulta percorrendo uma trilha da minha propriedade. Essa trilha é o que restou da uma antiga estrada de carruagens que atravessava Vermont a caminho de Albany. Na maior parte de seu trajeto, serpenteia por entre os bosques, até terminar em um campo que rodeia um lago abandonado. Cães e donos aparecem por lá de vez em quando, a fim de espairecer. Alguns cães chapinham na água, alguns vagueiam por ali à cata de pedaços de pau, alguns comem grama, alguns entram na mata. Após contemplar a paisagem por alguns minutos, voltamos.

No caminho, vou anotando tudo o que Linda diz. Vez ou outra, respondo às suas perguntas, o mais sucintamente possível. Não quero falar nada do que tenho a lhe dizer antes que ela me conte tudo o que veio contar.

Quando trabalhava com meu pai, John Behan, na Canine College (Universidade Canina), em West Redding, Connecticut, passava horas perguntando ao cliente como ele tratava e treinava o seu cão. À semelhança de meu pai e outros treinadores da equipe, eu queria descobrir o momento exato em que o cachorro fazia esta ou aquela associação, desenvolvia este ou aquele mau hábito, ou quando e como o dono começava a perder as qualidades de líder aos olhos do cão. A consulta começava no instante em que o dono tirava o cachorro do carro. Papai me ensinou a observar bem quem estava "no comando" – os pais, os filhos ou o cão?

Hoje, faço aos clientes as mesmas perguntas que fazia há trinta e cinco anos: "Que idade tinha seu cão quando você o pegou?", "Que tipo de disciplina você adota com ele?", "Quando notou o problema pela primeira vez?". Mas, embora faça as mesmas perguntas e converse tanto quanto antes, não procuro mais informações sobre o histórico do cão nem sobre a maneira como adquiriu este ou aquele comportamento. Não tento mais "hierarquizá-lo" na matilha. Não há mais nada que eu queira saber sobre Rosy; ela se revelou completamente durante os primeiros minutos de nosso encontro. Ao contrário, faço perguntas e anoto as observações de Linda para encorajá-la a refletir, evocar e indagar, pois, quando ela fala sobre Rosy, seus sentimentos mais profundos vêm à tona na escolha das palavras, no tom da voz e nos termos que enfatiza em uma frase. O que me importa é como Linda vê seu cão, como interpreta seu comportamento e, mais importante ainda, como faz Rosy se sentir.

O problema de Rosy é a agressividade com crianças; porém, seu comportamento se caracteriza por um estado particularmente frenético e conflitante. Ela abana o rabo mesmo quando ameaça e rosna, não havendo dúvidas de que morderá – embora, até hoje, Linda tenha conseguido impedir que machucasse alguma criança. Acho interessante ouvir de Linda que, no meio de seus arrebatamentos, pode-se ouvir uma série de latidos altos que culminam em um som rouco, estrangulado, como se Rosy tivesse alguma coisa entalada na garganta.

Linda já tentou resolver o problema. Adotou o modelo predominante para mudança de comportamento: seguiu o regime do "nada de graça", pelo qual um cachorro tem de ganhar com seu esforço cada prazer – ou seja, aquilo que chamo de "ineficiência subsidiada". Tentou o "cabresto", mais ou menos como o dos cavalos, mas que aperta muito o focinho, para imitar a maneira com que a mãe disciplina seus filhotes. A teoria é que se trata de um meio natural com o qual os cães aprendem a respeitar as ordens de uma figura autoritária. Até agora, nada disso funcionou por muito tempo. Há pouco, Linda começou a sair com um homem que tem um filho pequeno, de modo que a estratégia de evitar crianças para solucionar o problema não é mais viável. Agora, Rosy tem de aprender a conviver com crianças.

Depois da caminhada, sentamo-nos à mesa de minha cozinha. Enquanto Linda toma chá, seguro Rosy pela coleira, a fim de impedi-la de se arremessar para todos os cantos do recinto. Linda, notando nosso bebedouro de cães perto da geladeira, sugere que Rosy talvez esteja com sede. Acho essa sugestão curiosa, pois acabamos de passar por um riacho, um lago e várias poças de água. Deixo que Rosy se aproxime do bebedouro; ela o fareja, mas logo se sente atraída por outra novidade. Nosso *corgi*, Barley, aparece para ver o que está acontecendo. Os dois cães esfregam os focinhos e então, surpreendentemente, Barley se afasta em direção à porta da frente. Linda, erguendo-se um pouco da cadeira, diz que talvez Barley queira sair. Não sabe que Barley evita Rosy por causa daquilo que está captando no momento.

Durante a caminhada, Linda me contou que Rosy fora comprada em um pet shop de Manhattan por uma amiga, mas que acabara ficando com ela. Segundo suas próprias palavras, Linda "resgatara" Rosy de uma vida de casa em casa, ao longo da qual, pelo que sabia, jamais tivera uma experiência ruim com crianças. De fato, no começo, se dava bem com elas. Linda parece confusa. Não sabe se Rosy tem algum defeito; talvez seja uma cadela "má" ou que se "tornou" má.

Como já percebi tudo, é hora de explicar Rosy. Sei que não há nada de errado com ela; o que temos de esclarecer é o "papel" de Linda. Em torno desse papel, Linda cristalizou uma hierarquia de sentimentos à qual seu cão passou a responder. Os cães se curvam ao papel dos donos: é isso que os motiva. Uma vez que o papel afeta Linda, ela não consegue resistir ao apelo de um cão e, por isso, se sentiu imediatamente responsável por Barley. Em outras palavras, o que Linda atribui a um cão, acima e além do que um cão precisa ou quer, é diretamente proporcional ao que atribui a si mesma.

A interpretação convencional do que se passa entre Linda e Rosy é esta: Linda não está tratando seu cão como um cão, mas como um bebê, tentando fazer com que Rosy compense alguma carência emocional dela própria. Com isso, Linda ignora seus instintos e não lhe dá o que os cães, segundo se presume, desejam de seus donos: liderança firme, orientação, consistência, motivação positiva e todo o resto do catecismo canino. Eu, porém, não vejo os cães sob esse prisma porque semelhante análise só faz sentido em um nível muito superficial. A verdade é que o comportamento do cão é *sempre* muito atraente para seus donos, não importa que comportamento seja esse, porque o elemento subconsciente da mente humana (que escapa à nossa percepção) é uma consciência animal, a mesma que existe no cão. Ela não faz ideia do tempo nem da consequência dos atos e não consegue ter outro ponto de vista a não ser o do momento presente. Nossa mente emocional é uma mente animal e não sabe que, se cravar os dentes na carne tenra de uma criança, a criança sofrerá. O mesmo se dá com a criança que grita "Quero que você morra", ignorando totalmente o significado real dessas palavras. Assim, o que é importante na dinâmica emocional entre um cão e seu dono não é o humano vendo um humano no animal, mas *o animal vendo um animal no humano.*

A fim de ajudar Linda a visualizar o que pretendo explicar, pego um bloco de notas e, com as devidas desculpas pela forma canina, desenho a figura de um cão. Estou prestes a levar Linda para além dos pensamentos humanos, para as profundezas da esfera dos instintos, para dentro da mente do seu cão.

Antes de apresentar minha teoria, peço a Linda que esqueça tudo o que pensa saber sobre cães e não encare Rosy como um "ser" de direito próprio, como um agente intencional dotado de inteligência e moldado por uma personalidade oriunda de genes ou experiências de vida. Quero explicar a Linda que Rosy não é uma consciência individual, provida de vontade própria e motivada por ambição pessoal, além de um senso perfeitamente delimitado do "eu". A consciência de um cão deriva de sua participação em uma "vontade" mais ampla, suscitada pela emoção e forjada pelos sentimentos. A emoção não é algo que acontece dentro de nós, separada e diferente do que acontece fora de nós. Emoção, natureza e sensibilidade compõem uma "inteligência em rede" inteiriça. Uma vez que interpreto a emoção como uma consciência em rede e como a energia que tanto anima quanto molda os cães, quando observo um deles sei que, na realidade, estou observando a rede emocional à qual o cão se encontra ligado. Seu comportamento e personalidade são uma manifestação e expressão de emoções e sentimentos que ele recebe daqueles aos quais está ligado. Com base em meu convívio com cães, eu agora os vejo como um reflexo (que vive, anda e respira) da dinâmica emocional do dono. O que se passa dentro de Rosy é uma imagem especular do que a própria Linda sente. Quando Linda fala de Rosy, não fala de Rosy como de um cão, de um ser emocional ligado a uma rede; fala, na verdade, de seu próprio coração.

Peço a Linda que ignore a noção de que o cérebro é a fonte da inteligência de Rosy: a mente de Rosy não está em seu cérebro e o corpo de Rosy não é algo que apenas carrega sua cabeça por aí. Peço-lhe, antes, que pense no corpo de Rosy como um canal condutor de energia – e essa energia é a emoção. Na figura do cachorro, desenhei uma larga seta para indicar o corpo como um canal para a transmissão de energia. A seguir, escrevi "emoção" dentro do corpo-canal a fim de mostrar que a emoção é a energia transmitida. Só existe uma emoção, uma força de atração positiva. Expliquei a Linda que, quando um cachorro tenta exprimir emoção por meio de ações, encontra resistência, o custo inevitável da vida aqui no planeta Terra, e, para indicar onde essa resistência é internalizada e armazenada, rabisquei uma bola vermelha na região do intestino/quadris, na extremidade posterior do cachorro. Essa região constitui o núcleo do senso do "eu" de um cão; com a bola, localizei seu centro de gravidade emocional. Assim como o centro de gravidade físico do corpo, ele pode se deslocar pelo corpo, dependendo das forças externas que estejam atuando sobre ele. O cachorro então projeta esse *sentimento de resistência* composto naquilo que o atrai, e por isso desenhei uma bola vermelha dentro de outro cachorro, que por sua vez devolve esse sentimento, em um processo contínuo – como duas pessoas jogando pingue-pongue ou dois dançarinos intercambiando seus centros de gravidade físicos à medida que giram e rodopiam.

Esse processo de reflexão, pelo qual a emoção se desdobra em sentimento, é mantido pelo impulso sempre presente, intrínseco e monolítico da atração. Lembra a vontade de entrar no carro e viajar para algum lugar, talvez de costa a costa, vontade que não dá ouvidos à análise custo-benefício inicial. É o "Até que ponto quero estar na Califórnia?" contra a resistência do "Até que ponto é difícil ir à Califórnia?". Se, nesse momento e durante o caminho todo, conseguirmos sentir ainda a vontade de viajar, então viajaremos da costa leste à costa oeste sem nenhum conflito.

No entanto, sempre que esse processo de reflexão – de energia que vai e vem entre as partes, gerando uma interação – é interrompido, a emoção se acumula como água por trás de um dique. Quando a força de atração atinge um patamar crítico de intensidade, ou seja, um ponto acima da capacidade de tolerância do corpo como canal, o dique cede e o instinto ultrapassa a capacidade de sentir. Deixa de haver sincronização na troca de energia.

Linda pensa que Rosy odeia crianças. Mas a palavra ódio (ou ciúme, rancor, rebeldia, despotismo ou submissão) não se aplica a um cão nem a animal algum. Digo isso porque acredito que a origem de todo comportamento animal é sempre um impulso de atração e não de intenção. Essa atração é visceral e está sempre presente; por causa dela, mesmo durante um episódio agressivo, Linda pode observar (e fica confusa) Rosy agitando a cauda com uma expressão momentânea, passageira, de afetividade, que aparece de vez em quando como o sol se mostrando entre nuvens tempestuosas.

A verdade é que Rosy se sente atraída por crianças, mas entra em pânico porque há mais energia tentando percorrer seu corpo, como canal de emoção, do que seu corpo pode suportar. Em consequência dessa saturação, Rosy não consegue *sentir* seu corpo. Assim, associa essa condição aterradora às crianças e se descontrola toda vez que vê uma. No fundo, quer desesperadamente se relacionar com crianças, mas cada contato apenas aumenta a carga. Cada contato apenas intensifica seu senso de bloqueio. Quando há sobrecarga, o objeto de todo comportamento é expelir do corpo essa sensação insuportável – o que ocorre porque ela está relacionada ao terror máximo de todo organismo, o de fracassar.

Linda se esforçou por mudar o comportamento de Rosy tentando formar novas associações em seu cérebro. O que ela dizia a Rosy era: "Se você se comportar bem com as crianças, será recompensada; se se comportar mal, será castigada". Procurava despertar instintos diferentes no cérebro de Rosy comunicando-lhe: "Sou a líder de sua matilha; obedeça-me quando estiver perto de crianças". Prescreveu-lhe inúmeros exercícios para esgotar sua energia e, nos momentos de calma, deu-lhe atenção e afeto, esperando com isso ser amada. No fim das contas, Linda trata Rosy como se Rosy pensasse, fornecendo-lhe uma série de boas razões para Rosy concordar em fazer aquilo que ela pensa que Rosy deveria fazer. Mas o problema é: cachorros não pensam. Não raciocinam, não fazem *ideia* do motivo pelo qual as coisas acontecem. Na realidade, só o que Linda está conseguindo é alimentar um sistema de energia que oscila em seu eixo, e quanto mais energia ela coloca nesse sistema, independentemente de suas boas intenções, maior se torna a oscilação. Trata-se de um princípio da física.

Linda fez de tudo para convencer Rosy a "pensar" sobre as crianças de uma maneira diferente, mas o paradoxo é que Rosy não pensa nada. Rosy não sente – e não sente por causa do que vai pela cabeça e o coração de Linda quando está perto de crianças.

(Nota: como é habitual considerar os pensamentos e a razão humana sinônimos de inteligência, quero deixar claro que, quando afirmo que os cães não pensam, não estou dizendo que não são inteligentes. Na verdade, eles são inteligentes, mas não pela razão e, sim, pelo sentimento. Sentir o que outro ser está sentindo não é pensar, mas exercitar a mais elevada forma de inteligência com que se pode ser abençoado.)

Até aqui, em nossa discussão, concentramo-nos inteiramente em Rosy. A ideia de um cão como reflexo emocional de seu dono tem sido para Linda um conceito totalmente abstrato. Ela o examina e avalia, tentando com todas as suas forças entendê-lo, mas ele vai contra a interpretação costumeira do comportamento animal, sobretudo o dos cães. Para ajudá-la a entender, passo a discutir Linda e Rosy juntas. Digo-lhe que ela e seu cão – na verdade, todos os donos e seus cães – formam uma mente grupal particular e que absolutamente todo ato de um cão constitui uma reação à dinâmica geral do grupo. Os cães não encaram nada só por eles mesmos.

Os cães se alinham em volta do sentimento mais forte de seu grupo, como uma agulha de bússola em um campo magnético poderoso. Isso quer dizer que um cão não precisa ter uma experiência direta para absorvê-la. Afinal, não importa qual lobo do grupo vê a corça na moita ou percebe o boi-almiscarado mais fraco no círculo defensivo do rebanho, o grupo inteiro fica instantaneamente energizado e pronto a alinhar-se em volta daquele que está mais disposto e eletrificado. Às vezes, o lobo que chega por último à peleja é o que abate a presa, pois a carga pode passar de um indivíduo a outro no grupo. Conforme desenhei em meu caderno, a carga vai e vem.

Já que os humanos têm maior capacidade emocional que qualquer animal e experimentam e adquirem mais resistência emocional com a passagem do tempo (pois vivem mais), por definição possuem maior carga emocional que qualquer grupo de cães. É isso que um cão será levado a exprimir em seu comportamento e mesmo em sua personalidade, tal como uma barra de aço é sempre afetada simplesmente por estar no campo de um ímã poderoso.

Eu disse a Linda que é bastante singular o fato de, quando Rosy se ressente da visão ou do som de uma criança, essa carga ficar entalada em sua garganta, parecendo que ela está sufocando. E, pelo ponto de vista de Rosy, está mesmo: os cães não conseguem distinguir seus corpos emocional e físico, assim como as crianças pequenas não sabem diferenciar a realidade daquilo que imaginam vividamente. O corpo emocional absorve o cão e tudo aquilo que o atrai. Quanto maior for a força da atração entre o cão e o objeto externo, mais profundamente esse objeto se implantará nos processos físicos internos do cão. Assim, um animal experimenta um objeto externo de atração *internamente*, por meio de seus processos involuntários, os sistemas fisiológico e neurológico responsáveis pela fome e o equilíbrio. O animal experimenta a realidade externa como se esta movimentasse forças dentro de seu corpo, como se seu corpo fosse afetado por algo que estivesse fora dele.

Como o corpo emocional é apreendido visceralmente, os objetos externos são experimentados internamente – de fato, foi isso que Pavlov descobriu: o som de uma campainha pode afetar o processo digestivo de um cão quando este se sente fortemente atraído por alguma coisa. *O animal só conhece o mundo exterior graças ao que sente dentro de seu corpo.*

Uma vez que o corpo emocional é o meio pelo qual Rosy tem consciência de seu corpo físico, considerando-se que pode ter consciência de alguma coisa, uma criança literalmente a pega pela garganta. Com uma caneta vermelha, traço uma bola na garganta de Rosy para indicar que a carga que se movimenta pelo canal se detém naquele ponto.

Depois de explicar isso a Linda, ergo os olhos do desenho e vejo lágrimas escorrendo por suas faces. Há um longo silêncio, até que ela enxuga os olhos e se recompõe. Não sei o que dizer, pois mal nos conhecemos, mas sem dúvida palavras são desnecessárias no momento. Linda começa a entender que o que acontece com Rosy não é culpa de Rosy.

Lembra-se então de que, há dez anos, teve paralisia total das cordas vocais e não conseguiu falar por semanas. O médico atribuiu o problema à inflamação de um nervo vocal, mas Linda sempre suspeitou que essa não era a causa. Sentia que havia algo lá dentro que precisava pôr para fora, mas não sabia o quê. Então, coisa estranha para uma terapeuta, como ela própria agora reconhece, tão logo o problema desapareceu, ela o tirou completamente da cabeça.

Enquanto enxuga as lágrimas e reflete, Linda descobre por que está chorando. Não é por causa de Rosy, não é por causa de sua garganta. É por causa de suas filhas. Conta-me que é uma alcoólatra em recuperação e, quando suas filhas eram pequenas, não tinha tempo para elas. Seu casamento terminou, e ela acha que traiu as filhas, fracassando inteiramente como mãe. Isso é o que Linda mais lamenta na vida. Portanto, aí está: sua mente diz a verdade de seu coração.

Felizmente, Linda reconstruiu a vida com as filhas, mas a dor e o impacto da perda continuam alojados profundamente em seu corpo. Rosy é afetada por crianças porque, nesta questão, há em Linda muita emoção não resolvida. Mãe jovem, Linda não admitia, nem para si mesma, que se sentia acuada, como se as filhas a pegassem pela garganta e a irritassem. Admitir isso significaria para ela que não conseguia amar e, portanto, não merecia ser amada. Nunca conseguiu se livrar desse fardo e, quando vê uma mãe com seu filho, não importa o que faça ou pense, o fardo só se torna mais pesado. Rosy sente isso.

Como os cães são sociáveis por natureza, Rosy é levada a exprimir o que Linda não exprime, independentemente do motivo dessa incapacidade. Rosy tem medo de crianças porque Linda receia o que as crianças a fazem sentir: culpa.

Asseguro-lhe que podemos curar Rosy, mas o primeiro passo será Linda aceitar o comportamento de Rosy como um reflexo do que se passa no coração da dona. Linda precisará identificar, um por um, os julgamentos que aflorarão daqui por diante. Quando reconhecemos o fardo de nosso cão como nosso, o coração começa a curar o que precisa ser curado dentro de nós; nossos julgamentos vêm à tona, mesmo que os tenhamos reprimindo para nos sentir seguros. Depois que contarmos a nós mesmos a verdade sobre o que realmente sentimos, nosso cão não mais reproduzirá esse comportamento de maneira dramática, para chamar nossa atenção. Recuperaremos nossa vontade. O fim da história é que Rosy viveu feliz sua vida com Linda. Anos depois, quando Rosy morreu, Linda me contou que, graças a esse trabalho, ela se tornara sua maior mestra. Isso realmente me comoveu.

Até aquele dia em minha cozinha, Linda pensava que havia resgatado Rosy. Mas nosso cão é o canário no poço da mina das emoções. O modo como respondemos aos sentimentos que as emoções não resolvidas provocam em nós determina a maneira como tecemos nossa "rede" nos relacionamentos, no trabalho e na sociedade em geral. Acredito sinceramente que a história de uma pessoa pode ser deduzida da compreensão de seu cão. Quando percebemos um problema de comportamento em um cão, antes de analisar o mensageiro, devemos ouvir a mensagem. O que faremos depois com a mensagem depende de nosso coração. Ninguém sabe melhor o que sentimos do que nós mesmos. Mas sempre devemos nos lembrar de uma coisa: o que quer que um cão faça, a responsabilidade nunca é dele, é sempre nossa. Rosy apareceu para reconduzir Linda a seu coração, para pô-la novamente em contato com uma fatia ínfima de uma inteligência infinita, a verdade daquilo que ela de fato sente.

INTRODUÇÃO

Em *The Botany of Desire* [A Botânica do Desejo], Michael Pollan observa que, na América do Norte, existem dez milhões de cachorros e apenas dez mil lobos. Ele pergunta, então: "O que o cachorro sabe sobre sobrevivência neste mundo que seu ancestral selvagem ignora?". (E eu acrescentaria: todos os outros animais igualmente.) Uma vez que proponho apresentar nada menos que um novo paradigma para o modo como cão e ser humano, especialmente cão e dono, devem interagir, vou desde já resumir minha premissa:

Cão e dono formam uma mente grupal.

A melhor explicação para tudo o que diz respeito aos cães, da evolução do lobo à domesticação do cachorro – e ao incrível relacionamento emocional existente entre o animal de estimação moderno e seu dono –, é que os cães sentem o que sentimos. É assim que um cão "conhece" seu lugar e aprende a subsistir, um processo que foi grosseiramente identificado (e totalmente mal interpretado) como hierarquia de poder e aprendizado segundo a teoria do reforço.

Por que algo tão fundamental não é óbvio? Porque o intelecto humano não passa de uma "máquina de relatividade". Ele compara uma coisa relativa à outra, um momento relativo ao outro. Nós nos fixamos na forma de um objeto ou situação e os vemos ligados em um sentido linear, racional.

Os cães, porém, não veem o mundo em termos de objeto ou momento relacionado a outros. A mente do cão é um circuito de energia. O que ele sente não se distingue do lugar onde está: sua consciência é função do ambiente, não importa quem ou o quê aí esteja, nem se ele se sente ligado a isto ou àquilo. O cão não encara seu "eu" como algo separado ou distinto daquilo que o atrai.

Nossos atuais modelos científicos intelectualizam o mundo natural e personificam os cães de um modo que impede o dono de enxergar a verdadeira natureza deles. Tudo o que um cachorro faz, e mesmo sua personalidade, são uma tradução direta do sentimento do dono. Dono e cachorro passam a formar uma "mente grupal", um contrabalançando emocionalmente o outro, mas ambos empenhados na busca e alcance de um objetivo comum, que é o principal tema deste livro.

Você já não viu um cachorro fazer algo tão estranho e despropositado que nem soube como reagir? Talvez ele se mostrasse inesperadamente agressivo ou se comportasse de maneira bizarra apenas em presença de um determinado parente. Seu cachorro já fez alguma coisa como que de propósito, só para deixá-lo maluco? Ele adquiriu maus hábitos, que nenhum treinamento foi capaz de eliminar? O motivo pode surpreendê-lo e a maneira de encarar esses "problemas" pode surpreendê-lo ainda mais. Filho de um famoso treinador e, hoje, também exercendo esse trabalho, quero contar minha história e apresentar minha teoria, mostrando a você como entender seu cão de uma nova maneira.

Como exemplo, eis um contato que tive com Vicky, dona de um pastor-alemão chamado Eddie. Vicky me procurou por intermédio da criadora de seu cão, Ellen. Queria saber o que eu diria da reação de Eddie aos enfeites de sua árvore de Natal. Aí vai o que ela escreveu inicialmente a Ellen:

> Montamos uma árvore de mais de três metros na sala, toda decorada... mas, obviamente, Eddie não concorda com o lugar onde coloco os enfeites... Cuidadosamente, ele os tira um por um e vai formando uma pilha (pode alcançar cerca de um metro de altura sem se esticar muito). Não faz isso disfarçadamente, mas bem diante de nosso nariz! Madeline olha para ele como se dissesse: "Lá vai você, garotão!". Só podemos rir... e recolocar os enfeites na árvore. A coisa virou um jogo...

> Minha resposta a Vicky:

> Aparentemente, quando Vicky colocava os enfeites na árvore, experimentava fortes emoções relativas ao Natal, como lembranças vívidas, reminiscências alegres ou tristes, sem dúvida de um tempo em que era jovem ou seus filhos eram pequenos, algo assim. Eddie captou esses sentimentos e encarou os enfeites como essa "carga" emocional específica. Pôs os enfeites de volta no centro do grupo ou, em outras palavras, no "ninho". Os enfeites eram, para Eddie, uma projeção dos sentimentos afetivos de Vicky, que, emocionalmente energizados, transformaram-se, a seus olhos, em filhotes. O que ele fez foi levar os filhotes de volta a seu ninho.

> Vicky respondeu assim a Ellen:

> Seu amigo Kevin parece saber das coisas! Muito interessante! Não passo o Natal com minha família desde que me mudei para a costa leste, há treze anos. Sempre trabalhando, nunca consegui voltar para casa. A época natalina sempre foi muito es-

pecial para mim... e tentei transmitir isso às minhas duas filhas. Nunca decorei uma árvore sem sentir uma dorzinha no coração. Muitos dos enfeites foram feitos por minhas próprias filhas. Penso muito nas meninas. O pai delas e eu nos divorciamos quando a mais nova tinha um ano e meio de idade... Criei-as sozinha... Acha mesmo que Eddie, muito sensível, percebe tudo isso?

Sim, Eddie é mesmo muito sensível. Ele conhece Vicky "de cor".

Este livro difere de outros exames da conexão entre caninos e humanos porque enfatiza o que eles têm em comum, a capacidade emocional, em vez do que têm de diferente, a capacidade sensorial e intelectual. Não consideraremos até onde o sentido do olfato, nos cães, é mais aguçado do que em nós, que frequência do espectro eletromagnético podem ver e nós não, que altura de som afeta seus ouvidos e não os nossos – por mais interessantes e valiosas que sejam essas discussões. Ao contrário, examinaremos, dessa vez, a ideia de que emoção é energia e de que sentimentos são próprios a todos os animais, ao passo que pensamentos, instintos e genes, bem como todas as adaptações específicas que surgem daí, são o que diferencia nossas duas espécies e, em última análise, nos mantêm separados. Assim, para conhecer de fato um cão, sobretudo o nosso cão, precisamos remontar à nossa própria natureza emocional a fim de conhecer melhor a natureza daquilo que estamos sentindo, pois é exatamente assim que funciona a mente de nosso cão.

Estudarei essas ideias abordando três temas: 1º) Não sabemos o que estamos sentindo, 2º) O comportamento dos cães pode nos ensinar muita coisa a respeito de emoção e sentimentos, 3º) O motivo *real* de termos um cão em nossa vida é emocional.

O primeiro tema é que nosso cão sente o que sentimos *mesmo quando não podemos sentir*. O intelecto humano é tão poderoso que nossos pensamentos acompanham de perto nossos sentimentos, podendo anular o que sentimos e levar-nos a confundir o que sentimos com o que pensamos. O enorme poder de nosso cérebro pode mesmo negar por completo a emoção subjacente a um sentimento. Isso nos impede de reconhecer o modo como a emoção funciona. Por exemplo, as emoções, como energia pura, são sempre uma força de atração positiva. Além disso, os sentimentos verdadeiros são sempre uma contrapartida emocional agradável. Não existem "maus" sentimentos.

Em segundo lugar, uma vez que cachorros não pensam nem podem pensar, não respondem ao que seus donos pensam, dizem ou mesmo fazem; bem ao contrário, reagem de acordo com as emoções dos donos, que chamamos de energia. Não estou dizendo, é claro, que se trata de uma energia concreta, mas que, quando a adrenalina nos estimula, agimos exatamente como se estivéssemos eletricamente carregados. Quando a sensualidade nos domina, comportamo-nos como uma partícula magneticamente carregada. E quando encontramos pessoas que amamos ou estimamos, respondemos como se estivéssemos energizados por indução eletromagnética. Nossos cães sentem esses estados emotivos de energia básica mesmo quando nossos pensamentos obscurecem o substrato de nossa percepção consciente.

Por fim, o terceiro tema propõe que o motivo real de haver um cão em nossa vida não é ter um companheiro, um ajudante, ou poupar um animalzinho indefeso de uma vida de circunstâncias infelizes. Não importa quão válidas e benévolas sejam essas razões, o motivo *real* é trazer à tona os instintos, pensamentos e julgamentos que nos impedem de sentir o que está no fundo do nosso coração. Esses julgamentos, pensamentos e instintos são a causa da emoção não resolvida que alimentamos – e a emoção não resolvida é o que verdadeiramente nos motiva. Ela constitui, por assim dizer, a memória física, registrada no corpo, de toda experiência emocional havida. Nossos cães entram em sintonia com esse registro emocional por meio de um processo que chamo de "sonar emocional", trazendo-o à superfície; então, vemos o que eles fazem objetivamente. A premissa deste livro – seu cão é seu espelho emocional – significa que você pode saber o que se passa na mente dele porque experimenta a mesma emoção e os mesmos sentimentos, *energeticamente e não mentalmente.*

Quando a emoção, como energia, transita livremente entre dois seres, reconhecemo-la como amor; quando amamos alguém, tudo em nossa vida fica energizado de repente: as cores são mais brilhantes, os encargos já não são tão pesados, podemos até mesmo nos surpreender cantando na chuva. Não se trata de romance; trata-se da alegria que todos os animais experimentam quando se sentem ligados a outros. E uma vez que a emoção nos transforma na contrapartida emocional do outro a quem amamos, cada qual se torna o espelho daquele com quem deseja se conectar. O semelhante atrai o semelhante, mas só os opostos podem se ligar. É, portanto, impossível, para dois seres, não importa que tenham exatamente os mesmos genes e a mesma formação, responder emocionalmente da mesma forma a um evento, embora suas respostas não variem de maneira aleatória. Eles responderão a fatos significativos em termos de imagem especular. Ou seja, dois seres que se aproximam e se prendem emocionalmente formam um só coração. E onde quer que estejam, juntos ou separados, sentem que ele bate em um ritmo único.

PARTE I

Nosso relacionamento especial com os cães

CAPÍTULO 1

ELES NOS CONHECEM DE COR

Trago você sob minha pele.
Trago você bem no fundo do meu coração.
Tão fundo que você realmente faz parte de mim.
Trago você sob minha pele.

– Cole Porter

O que significa conhecer "de cor"?

Antigamente, os alunos tinham de decorar passagens importantes da literatura. Há alguns anos, na seção "Cartas à Redação" do jornal *The New York Times*, uma mulher lamentava o fim dessa prática. Dizia que, quando confiava um poema ou um trecho em prosa à memória, as palavras dos mestres ficavam disponíveis para ela pelo resto da vida, exatamente no momento em que precisava emitir uma opinião ou completar um raciocínio. Era como se essas palavras houvessem se tornado dela, brotando espontaneamente de seus lábios na hora certa e veiculando uma sabedoria transcendental. Ela as sabia "de cor".

Quando sabemos alguma coisa de cor, é porque essa coisa passou a fazer parte de nosso corpo, como um braço ou uma perna. Está literalmente – e isso será demonstrado com maior clareza nas páginas seguintes – sob nossa pele, integrada às nossas vísceras. Podemos senti-la e saber o que é verdadeiro pelo modo como brota lá de dentro. De certa forma, ingerimos a essência dessa coisa ou mesmo de uma pessoa até que ela se torne parte de nosso ser. Saber que algo é absolutamente verdadeiro não é um pensamento, é um sentimento.

Imagine se pudéssemos, ao encontrar uma pessoa, saber o que ela está sentindo só pelo olhar ou pelo toque. Não me refiro a tentar imaginar o que ela sente ou perguntar a nós mesmos: "O que eu sentiria se estivesse em seu lugar?". Refiro-me a *sentir* realmente a emoção da pessoa, sem a intromissão de nenhum pensamento, em uma empatia comunicativa feita de energia pura, numa transferência direta, em todos os detalhes e sutilezas, dos sentimentos de uma parte à outra.

Se essa comunicação fosse possível, as palavras e mesmo as ações da outra pessoa não teriam grande importância para nós (na verdade, talvez fossem até irrelevantes) – só nos interessaria o que ela estivesse sentindo. Não julgaríamos negativamente o que essa pessoa sentisse porque nós sentiríamos exatamente a mesma coisa. Fato curioso: se ela desejasse alguma coisa, nós gostaríamos que a obtivesse. Seria ótimo dar-lhe o que ela quisesse para que se sentisse bem sabendo que nós também estávamos contentes. Se os sentimentos dela mudassem, perceberíamos a mudança e não tentaríamos explicá-la. Não haveria para nós necessidade de justificar ou preservar um sentimento que já não estaria ali. Saberíamos o que ela faria antes mesmo de fazê-lo. Seria fácil ter confiança nessa pessoa. O que quer que ela fizesse teria sentido para nós, pois vivenciaríamos a mesma coisa. Não haveria dois pontos de vista a reconciliar; haveria apenas um ponto de vista emocional. Mais importante ainda, se essa pessoa se sentisse atribulada, nós perceberíamos e faríamos de tudo para aliviá-la.

Em suma, responderíamos aos outros e nos comportaríamos como os cães: de coração para coração.

Em certas ocasiões, na natureza, temos um vislumbre desse tipo de transferência alimentada pela empatia. Periodicamente, essas histórias ganham a mídia internacional, como quando uma leoa adotou, nutriu e defendeu uma jovem gazela dos outros leões, um golfinho resgatou um nadador de um ataque de tubarões, o gorila de um zoológico de Chicago salvou uma menina que caiu dentro de sua jaula e, após o tsunami de 2004 na Indonésia, um hipopótamo e uma tartaruga revelaram um profundo vínculo emocional. Certa vez, vi um cervo tentando brincar com um cachorro por trás de uma cerca.

Ao mesmo tempo, porém, já que as expressões dessa empatia entre espécies são muito raras (praticamente todo comportamento animal é habitual ou instintivo), tais eventos nos impressionam como verdadeiros milagres, como se o animal transcendesse magicamente sua natureza básica. Devido às circunstâncias especiais do momento, o que ocorreu foi o contrário: o animal ficou aquém de sua programação genética e das raízes emocionais que compartilha com todos os outros. Em outras palavras, cada animal tem acesso ao mesmo código universal de emoções, uma "força" de atração monolítica, como a gravidade, que estabelece laços significativos responsáveis pelo altruísmo e o impulso de cooperação. No entanto, na maioria das espécies, quando uma situação se torna demasiadamente intensa, seus instintos ou velhos hábitos assumem o controle e anulam sua capacidade de agir conforme os sentimentos.

Chamo essa tendência a agir conforme os sentimentos de "capacidade emocional" do indivíduo, pela qual ele percebe em toda sua pureza o contexto emocional de uma situação ou a essência emocional de outro ser. Quando dois animais se ligam, reagem aos efeitos organizadores da emoção pura; estão no gozo de sua "capacidade emocional" (que varia segundo a espécie e o indivíduo) e abrem-se um para o outro. Quando animais conseguem trabalhar juntos e obter mais do que obteriam sozinhos, isso é o resultado de um sentimento verdadeiro. Quando a emoção arrefece e os instintos barram os sentimentos, o resultado são os conflitos que vemos na natureza e, não hesito em dizer, na sociedade.

De fato, todos os dias testemunhamos aquele que é talvez o melhor exemplo de consciência em rede em um animal que, dotado de impressionante capacidade emocional, consegue se associar e se comunicar plenamente com seres humanos: o cão da família.

Não é coincidência que os traços comumente associados ao conceito de "coração" – amizade inabalável, determinação a qualquer custo, lealdade e devoção incondicionais, sociabilidade, coragem cega e disposição inesgotável a subordinar o interesse próprio ao bem coletivo – sejam traços que associamos também aos cães. Intuitivamente, reconhecemos os cães como "energia do coração", e é por isso que os donos reagem a eles de maneira tão peculiar e desconcertante. É por isso também que todo cão sempre se "encaixa" emocionalmente ao dono como a mão na luva.

Há cerca de dez anos, trabalhei com uma psiquiatra e seu alegre, mas violento, pastor-de-brie. Como sou um pouco alto, andando com a mulher e seu cão pelas ruas de Manhattan, podia baixar os olhos e observar que os dois não só tinham a mesma cor de cabelo – com delicadas madeixas claras entrelaçadas em uma massa louro-alaranjada mais escura, uma combinação pouco usual –, como os fios também apresentavam a mesma textura fina. E mais: as camadas estavam dispostas de tal maneira que, a cada passo, o impacto as fazia balançar do mesmo modo. Os dois estavam em perfeita sintonia física. Era claro que a psiquiatra – professora de uma grande universidade, com casa e consultório nos Hamptons – de modo algum notava que se parecia fisicamente com seu cachorro.

Isso me preparou para outra revelação. Ela expôs os gostos e aversões, os hábitos e predileções de seu cachorro – por exemplo, quais cães tolerava e não tolerava –, bem como os motivos pelos quais, a seu ver, ele desenvolvera costumes tão bizarros, que nada têm a ver com a natureza dos cães. Mas percebi que ela, na verdade, estava falando de si mesma. "Isso é o que *eu* sinto em relação aos outros donos. Essas são as coisas que *eu* não gosto que me façam. É assim que *eu* quero ser tratada."

A mulher não projetava nem lia nada no comportamento de seu cão; este, de fato, praticava os atos que ela descrevia. Mulher e cão se sincronizaram fisicamente em um nível bastante sutil e ele, do mesmo modo, moldara seu comportamento social e emocional para acompanhar a personalidade e as disposições da dona. Agia exatamente como *devia* agir.

Passei a vida estudando e tentando entender a natureza dos cães, mas foi durante aquela caminhada com um cão e sua dona em uma movimentada rua de Manhattan que cheguei à conclusão plena do que é um cachorro. Eles nos conhecem de cor. Nós estamos sob sua pele.

Certa vez, durante um almoço, a conversa se voltou para meu trabalho como treinador de cães, o que animou uma mulher a me perguntar sobre seu pequenino *schnauzer*, Ranger. Por que, ela queria saber, Ranger atacava todos os cães que via, mas, por alguma razão misteriosa, adorava um deles que de vez em quando encontravam na rua? O enorme cachorro, um mestiço de labrador, atirava Ranger ao chão; Ranger, em vez de revidar, rolava pela calçada com a cauda vibrando a mil por hora. Sua dona ficava chocada toda vez que isso acontecia porque, se outro cão qualquer o encarasse por uma fração de segundo, Ranger lhe saltava ao pescoço.

Não estimulo muito tais conversas, que podem facilmente entrar por um terreno emocional melindroso. Mas a pergunta era irresistível e não me fiz de rogado. Como treinador, sei que quando um cão se vira de barriga para cima, esse não é um sinal de "cordialidade", mas de sobrecarga emocional: ele então reage graças ao mesmo mecanismo instintivo que está por trás da condição humana de culpa. Perguntei à mulher o que ela sentia com respeito à dona daquele cachorro. "Oh, não a suporto, ela me trata mal. Diz que sou uma péssima dona de cachorro porque acha o meu muito rebelde. Garanti-lhe que já tentei todas as formas de treinamento, mas ela só replica que gente como eu não devia ter cães."

Agora tudo se encaixava. Expliquei à mulher que, emocionalmente falando, a dona daquele cachorro era a mãe da dona de Ranger e, portanto, energeticamente, o cachorro grande era o pai do cachorro pequeno.

Minha explicação caiu sobre ela como uma avalanche de pedras: seu queixo caiu, seus olhos se arregalaram, seu corpo se inteiriçou na cadeira, suas palmas se firmaram na mesa, como se a pobre mulher tentasse continuar sentada ou levantar-se de um salto. Esperei que ela recuperasse o fôlego, sem saber qual seria sua reação. Talvez eu houvesse ido longe demais; talvez ela me atirasse um prato no rosto. Mas, para meu grande alívio, ela desabafou: "Sim, você está absolutamente certo. Sinto mesmo que ela é minha mãe".

"Exatamente", continuei. "Aquela mulher a faz sentir-se culpada e você tem de engolir isso, da mesma forma que Ranger deixa o cachorro grande atirá-lo ao chão." No decorrer da conversa, veio à tona que, quando ela era menina, sua mãe levou o cão da família – um *schnauzer* pequenino, é claro – ao abrigo por causa de alguma travessura e, por fim, mandou sacrificá-lo. Essa foi, da parte da mãe, uma traição que a mulher pensava ter esquecido há muito tempo, mas que seu cão revelou não ter sido ainda resolvida.

Os humanos podem se "projetar" em um cão de quatro ou cinco maneiras: considerando-o seu melhor amigo ou confidente; tratando-o como um parente adotivo, por exemplo, um irmão ou irmã que nunca tiveram; vendo-o como uma figura paterna, que os protege e cuida deles; e é possível até encará-lo como um parceiro amoroso. No entanto, essa lista é limitada demais para dar conta da infinidade de maneiras pelas quais os cães refletem seus donos. Em suma, a questão central não é o que o dono projeta em seu cão; o que me interessa e constitui a diferença básica entre este livro e as muitas outras investigações do vínculo entre humanos e caninos é o que o cão "capta" em seu dono. Por mais histórias que eu leia sobre o comportamento dos cachorros, o nível da relação entre eles e seus donos nunca deixa de me impressionar.

Por exemplo, Cruiser é um pastor-alemão grande, forte e de pelos longos, pertencente a Lynette. Quando ela e o marido viajam, deixam-no comigo. Muita coisa interessante se pode dizer sobre Cruiser. Uma delas é que, não importa quão faminto esteja, saltitante de alegria quando me aproximo com sua comida, ele sempre deixa alguns bocados no fundo da tigela. Nunca come tudo.

Um dia, quando Lynette veio buscá-lo, perguntei-lhe se havia algo em seu comportamento que lembrava esse estranho hábito do cão. Ela e o marido sorriram maliciosamente: havia, sim, uma correlação não apenas análoga, mas direta. Lynette me contou – e isso, aparentemente, deixava o marido maluco e intrigava os amigos – que sempre deixava uma pequena porção de comida, por mais deliciosa que fosse, no prato. Nunca comia tudo.

Às vezes, a justaposição de dois itens na mesma página de um jornal é mais esclarecedora do que seus respectivos conteúdos. Na seção científica do *The New York Times* de 9 de novembro de 2003, o artigo principal revelava que chimpanzés, bugios e humanos têm a mesma "fiação" cerebral especializada que talvez seja responsável por elevadas virtudes sociais. O título de página inteira dizia: "Humanidade: Um Caso de Fiação?".

No canto inferior direito da mesma página, via-se uma foto de aldeãs africanas chorando uma criança enferma ou possivelmente morta. O que, porém, atraiu minha atenção na foto foi o cão da aldeia ao fundo, de cabeça inclinada para trás como se ladrasse para a lua em um óbvio estado de tristeza e saudade. Enquanto o jornal colocava o primata mais próximo do homem no centro do palco, enfatizando o grande cérebro que ambos possuem em comum, lá estava o cão inferior, com cada célula de seu corpo sintonizada com os sentimentos daquelas mulheres. Como muita coisa referente aos cães, a verdade passava despercebida. Se nossa humanidade e as altas qualidades sociais do altruísmo, compaixão e cooperação residem em fiações cerebrais, então por que os macacos, os chimpanzés ou os orangotangos não evoluíram para se transformar nos melhores amigos do homem? Por que isso aconteceu com os cães?

Minha teoria é que cães e homens têm, na origem, a mesma estrutura emocional. Bem no fundo de cada animal, aloja-se essa faculdade primitiva que, infalivelmente, nos conecta com a natureza como se fosse um provedor de internet, dirigindo a emoção pelos muitos canais e ramificações que alimentam a evolução. Tanto homens quanto cães recorrem no mesmo grau elevado a essa faculdade e evoluem conjuntamente a partir dela. Penso que só há uma maneira de evoluir: permanecer fiel ao desejo. A fonte da emoção – o núcleo original do código que concatena sentimentos e comportamentos como expressões da emoção a fim de consumar o desejo – é a mesma nos homens e nos cães. O que há de mais impetuoso em uns e outros – o coração – é o que nos liga.

Se pudéssemos perguntar a um cão o que, a seu ver, constitui a fonte de nossa humanidade, ele talvez respondesse, com as devidas desculpas ao *The New York Times*, que não é nossa fiação, mas nosso encanamento.

CAPÍTULO 2

O MAIOR DOM DE UM CÃO

Há alguns anos, o programa *60 Minutes*, da rede de tevê americana CBS, divulgou que estava sendo feita uma pesquisa sobre a capacidade dos cães de farejar o câncer em seres humanos. Os testes clínicos filmados eram impressionantes, mas mais impressionantes ainda foram os relatos pessoais sobre um cão que farejou uma área do corpo do dono e se pôs a lamentar, o que ocasionou uma corrida a tempo ao médico. Em outro episódio, cães treinados indicaram "erroneamente" câncer em uma amostra de tecido que o laboratório declarara sadio. Os treinadores ficaram, em princípio, desapontados, mas, como os cães insistiam em indicar câncer naquela amostra, um laboratorista reexaminou o paciente e, então, constatou um câncer na bexiga. Os médicos ficaram perplexos.

Tendo treinado cães policiais para seguir pistas e distinguir odores, sempre fico fascinado por cada nova aplicação de suas habilidades olfativas. No entanto, o que me intriga não é o fato de um cão conseguir farejar a assinatura bioquímica de um composto químico relacionado ao câncer; isso apela mais para a imaginação e a dedicação do treinador. Se um cão rastreador "diz" ao policial que vá para a esquerda em uma esquina, quando as testemunhas oculares afirmam que o ladrão de banco virou à direita, ou se sente o cheiro de uma pegada em uma faixa poeirenta de terreno, em uma noite gelada de nevasca, nunca deixo, e isso há muito tempo, de respeitar o velho lugar-comum sobre os cães policiais: "o nariz sabe". É que adquiri uma postura firme, inquestionável, quanto a o quê um cão pode farejar.

Eu apostaria que uma vaca ou um bode de um hotel-fazenda também poderiam revelar quais pessoas estão com câncer, tomaram uma aspirina naquele dia ou um contraceptivo naquele mês, entre os muitos produtos químicos que entram no corpo humano. A diferença é que, na maior parte do tempo, o bode ou a vaca não se importam com o que farejam em um corpo humano porque o cheiro não tem nenhum valor *emocional* para eles. O que acho notável no quadro do programa *60 Minutes* é o fato de o cheiro do câncer no dono inquietar um cão destreinado.

Um dos pesquisadores que apareceram no programa comentou que o cão "pensa" haver algo de errado em seu dono. Mas é aí que, em minha opinião, perdemos o foco.

Não creio que um cachorro compreenda o significado do câncer em termos de tempo. Ou seja, ele não fareja o câncer e conclui que algo de ruim acontecerá ao dono no futuro, talvez morrer, deixá-lo abandonado etc. – cães não pensam no futuro, isso é coisa que só atormenta os humanos. Ao contrário, acho que o cão fica "emocionalmente carregado" pela presença de um cheiro específico devido a algo próprio a esse cheiro, em dado lugar e em dado momento. Não se trata de uma compreensão intelectual de problemas que virão e, sim, da resposta a alguma coisa que, naquele instante, está "abalando" o dono e tirando-lhe o equilíbrio. O dono, digamos assim, "vaza" energia livre e os cães são fortemente atraídos por energia potencial irradiada de qualquer ser.

É por esse motivo que o cão fica excitado quando um criminoso ataca seu dono, quando os membros da família fingem brigar ou quando alguém salta na piscina: ele então corre histericamente à volta. Esses episódios são exemplos de energia solta, similar à eletricidade não aterrada que nos faz recuar instintivamente, por julgá-la perigosa à nossa integridade física. Ficamos naturalmente inquietos pelo cheiro de queimado de um fio ou tomada invisíveis. Pelo mesmo motivo, coiotes já foram vistos combatendo incêndios provocados por raios nas pradarias; eles não tentavam apagar o fogo, mas, sim, fazer contato ou aterrar a energia descontrolada das chamas. Pela mesma razão os cães terra-nova, famosos por salvar pessoas que estão se afogando, se sentem impelidos a saltar na água e trazê-las para a margem. Depositando-a em terra firme, o cão está literalmente "aterrando" a pessoa que se debate desesperadamente – e, feito isso, não mais se inquieta. Do mesmo modo, a assinatura eletroquímica do câncer significa muito para o cão devido ao componente emocional que contém: há uma carga emocional no câncer em si. Apenas, nesse caso, ele não pode fazer nada para desviar a energia e, consequentemente, continua inquieto.

Quando um cão é treinado para detectar drogas, explosivos, contrabando ou outros itens, o treinador na verdade não o ensina a farejar; o cão já sabe distinguir entre os variados cheiros. O cão é treinado, isso sim, para se excitar emocionalmente com um cheiro em vez de outro. No processo gradual de treinamento, o treinador associa uma "carga emocional" a determinado cheiro para que o cão se excite com ele mais que com os outros e faça isso por sugestão, de modo que o treinador possa refrear ou incentivar seu comportamento a fim de procurar o item desejado.

Por isso, brincar de cabo de guerra com um cão é uma recompensa emocional bem mais valiosa em um regime de treinamento do que gratificá-lo com comida, pois na brincadeira o treinador investe mais emoção. Do ponto de vista do cachorro, o cabo de guerra é atraente porque "excita" o treinador. Este exibe uma intensidade incrivelmente concentrada no brinquedo – como se a "carga" do brinquedo houvesse abalado o equilíbrio emocional do treinador –, que se evidencia pela quantidade de energia que projeta quando o brinquedo está em sua mão. Da mesma forma, quando assiste a um espetáculo de bonecos ou de palhaços, e mesmo quando um objeto completamente inócuo é manuseado com delicadeza ou "carregado" por um desempenho nervoso, a criança sente que esse objeto está "carregado". Caso seja levada ao palco, evitará tocar o objeto porque a quantidade dessa carga normalmente excede sua capacidade emocional. A criança é jovem demais para lidar com a incrível energia posta no objeto e não se acha capaz de aterrá-la.

Quando eu era criança, meu pai costumava reunir todos os treinadores que trabalhavam com ele, além de minha mãe e minhas irmãs, na sala de treinamento para aplaudir, gritar e comemorar quando um cão conseguia descobrir um objeto com cheiro em uma pilha de objetos sem cheiro nenhum ou falsamente aromatizados. Diante de nossas palmas, a cauda do cão inflava ao máximo, seus olhos brilhavam e dançavam, e ele se pavoneava pela sala com um porte altivo, como se quisesse voar. Notei que só um cão podia ser positivamente afetado por essa barulhenta excitação em grupo. Se pulássemos de alegria ao ver um gato, um cavalo ou um macaco fazendo algo que desejávamos que fizesse, apenas assustaríamos o pobre animal. Mas precisei de anos para perceber que estava observando uma distinção comparativa em termos de capacidade emocional dos animais e quanta energia emocional eles conseguem suportar sem recorrer a um mecanismo de defesa como a fuga.

Os cães se ligam àquilo em que depositamos nossa atenção. Quando o dono aponta uma vara e diz ao cão "pega", para o cão a vara torna-se parte do dono como um braço ou uma perna. O cão sente a energia emocional que o dono projeta na vara. Para o cão, a vara *está* viva e constitui uma parte real do ser e do corpo do dono. Tornou-se uma manifestação física da essência emocional do dono, algo que nasceu ou brotou do ser do dono e encerra, portanto, sua "carga".

Assim como sabem onde deixamos as chaves ou ficam excitados quando fingimos brigar com outra pessoa, nossos cães não se sentem completos quando estamos incompletos.

Curadores intuitivos nos garantem que a doença física é consequência do mal-estar espiritual. Embora eu ache que isso possa ser mal interpretado, levando-nos a crer que temos de ser perfeitos para ser saudáveis, a ideia condiz com minha leitura da natureza. Em suma, um cão capaz de detectar o câncer não pensa. Os subprodutos químicos do câncer são efeitos fisiológicos de uma anomalia subjacente em um processo emocional; são uma nota dissonante em uma sinfonia de fugas harmônicas que, idealmente, corresponderiam a um bom sentimento. Nossos cães são atraídos para qualquer coisa em que nossa "carga" emocional se concentra porque essa coisa se torna a seus olhos uma interrupção, um distúrbio, uma paralisação de uma emoção poderosa. Se algo nos afeta, nosso cão também será afetado.

Embora existam muitas razões para possuir um cão, o motivo *real* para um cão entrar em nossa vida é a oportunidade única de nos tornarmos cientes dos julgamentos, reflexões e padrões instintivos impostos à nossa visão de mundo, os filtros e interruptores adquiridos durante nossa domesticação nos primeiros meses e anos de existência, que acabam por penetrar na arquitetura invisível de nosso subconsciente. Descobrindo a mensagem implícita no comportamento de nosso cão, estamos, muito provavelmente pela primeira vez, à altura de determinar se esses julgamentos ainda nos servem. Os cães existem para nos mostrar como nosso coração funciona e quais são os julgamentos negativos que lhe imputamos.

A consciência animal e a consciência humana se entrecruzam no cachorro. Os cachorros são "energia do coração": o lugar onde a energia física e a energia nervosa se combinam, onde o cérebro encontra o corpo, onde o humano se harmoniza com o natural.

Isso transforma o cão no espelho emocional do homem. O cão reflete perfeitamente a transformação de nossas energias físicas e nervosas em sentimentos. Ele é nosso melhor trunfo para a autodescoberta. Não creio que os sobreviventes de câncer que apareceram no programa *60 Minutes* achariam exagerado dizer que os cães existem para salvar nossas vidas.

CAPÍTULO 3

AFINAL, O QUE SABEMOS?

Uma noite, há cerca de quinze anos, eu assistia ao último telejornal e pensava em me levantar bem cedo no dia seguinte. Lembrei-me de ter lido, na faculdade, que o corpo possui um despertador interno: se o sugestionarmos o suficiente, ele nos acorda. De fato, uma vez acordei assim quando estava na faculdade e tinha um exame. Fechei os olhos, aquietei a mente e concentrei toda minha atenção no corpo. Quando estava bem tranquilo, pensei o mais solenemente possível: "Quero acordar às cinco da manhã". Então, abri os olhos, acabei de ver o noticiário e fui para a cama. Só como garantia, pus o relógio para despertar às cinco e cinco.

Não funcionou. De algum modo, errei na técnica subliminar: as cinco horas chegaram, passaram e eu não acordei. Além disso, o alarme não tocou (devo tê-lo ajustado para as cinco da tarde em vez de cinco da manhã). Todavia, não cheguei atrasado porque Illo, meu pastor-alemão de três anos, aproximou-se de minha cama, algo que nunca fizera na vida, esfregou o focinho em meu queixo e gentilmente descobriu minha cabeça exatamente às cinco e dez.

Ao sair de casa, naquela manhã, tentando imaginar como Illo salvara meu dia, ocorreu-me que ele de alguma forma captara meu desejo internalizado, embora nem estivesse na sala comigo quando fiz a sugestão subliminar. Às cinco horas, deve ter sentido minha presença na porta dos fundos, pois deixá-lo sair era a primeira coisa que eu fazia todas as manhãs. Não me vendo lá, dirigiu-se à minha cama como se eu o tivesse chamado pelo nome. Nunca me esqueci da maneira como ele me despertou, com seu toque suave, e, sobretudo, da expressão inteligente em seus olhos. O fato de ser possível para Illo sentir uma "vibração" em meu corpo, da qual nem eu mesmo tinha consciência, mas que ele era capaz de perceber como se ouvisse minha voz, impressionou-me naquela manhã. Fora uma das coisas mais curiosas que jamais experimentara com um cão.

Incidentes como esse, além de meu trabalho com "cães problemáticos", por fim me levaram a compreender como e por que os cães nos conhecem melhor do que nós a eles – e o motivo de os humanos manterem com esses animais um relacionamento emocional verdadeiramente único. O presente capítulo, iniciado com a pergunta simples "O que, a nosso ver, sabemos sobre os cães?", examina essas ideias de evolução e emoção.

Nos estudos sobre cães, talvez haja apenas um ou dois fatos com os quais todos os especialistas no assunto concordam. Um deles é que o lobo, direta ou indiretamente, por intermédio de um ancestral comum (o qual, sem dúvida, se parecia muito com ele), é responsável pelo cão doméstico. Toda pesquisa científica confirma isso, da antropologia, do sequenciamento genético e da anatomia comparada até a análise comportamental.

O outro fato em torno do qual há também unanimidade é que a neotonia (persistência de traços infantis na fase adulta) também desempenha um papel importante no processo de domesticação. Por esse motivo, diz-se que os cães se comportam como filhotes, ladram como lobos jovens (ao contrário dos lobos adultos, praticamente silenciosos) e apresentam dentição menor que a dos lobos mais velhos. No entanto, quando vamos além desses poucos pontos de consenso, o pensamento sobre os cães se divide em dois cenários básicos que tentam explicar como ocorreu a domesticação.

No cenário "romântico", o homem primitivo capturou um filhote ou uma ninhada de filhotes de lobo e selecionou-os levando em conta o fator beleza – pois a mesma propensão que leva o ser humano a cuidar de um bebê é despertada pelo corpo rechonchudo, a cara adorável e os miados ou latidos de um bichinho. A partir dessa relação inicial de cuidados, é provável que uma utilidade muito concreta tenha sido levada em conta: aqueles animais alertavam o acampamento para a aproximação de intrusos, rastreavam presas feridas, que de outro modo escapariam, ou denunciavam a presença de caça indetectável pelos sentidos mais limitados dos humanos.

Segundo uma variante do cenário romântico, homens primitivos e lobos, ou protocães, caçavam a mesma presa e aos poucos foram se associando por estarem em trilhas evolucionárias paralelas. Uma relação simbiótica se desenvolveu porque havia benefícios para ambas as espécies (isso teria sido um acontecimento fortuito para os protocães, dado que o homem é muitíssimo habilidoso na arte de matar). Como, em geral, se acredita que os lobos vivam em uma hierarquia de poder, a credibilidade do cenário romântico foi reforçada pela hipótese de que esse arranjo colocaria os humanos na posição de "líderes de matilha" substitutos. Eis-nos aqui, milhares de anos mais tarde, com o cão da família sujeito a adestramento para ser obediente e com programas de TV e milhares de manuais de treinamento que parecem comprovar a tese.

O segundo cenário foi montado pelos doutores Lorna e Raymond Coppinger, que identificaram algumas falhas graves na versão romântica. Para início de conversa, domar alguns lobos ou mesmo algumas alcateias não afetaria muito sua evolução em longo prazo. Para verdadeiramente domar uma espécie, um processo de procriação seletiva tem de ocorrer no âmbito de uma vasta base populacional, pois os indivíduos tendem a variar muito pouco entre si. A mudança pela evolução acontece graças ao acúmulo crescente de um traço favorável até ele se fixar em um genoma – e isso exige a seleção de incontáveis indivíduos por um longo período de tempo. A seleção por acúmulo gradual e contínuo implica uma série de gerações, embora estas não precisem ser tão numerosas quanto se julgava a princípio. Do mero ponto de vista logístico, a façanha de alojar tantos animais por tanto tempo simplesmente esgotaria recursos preciosos. Adestrar umas poucas espécies amistosas por algumas gerações não tornaria, por si só, seu genoma mais dócil.

Uma segunda falha grave do conceito romântico diz respeito à reprodução. Se os homens primitivos apanhassem um filhote de lobo e o levassem para o acampamento, quando esse protocão domado (mas ainda não domesticado) atingisse a maturidade sexual, escaparia para procurar parceiros e não retornaria, pondo assim um fim ao experimento (e desperdiçando os recursos que haviam sido empregados em sua criação). Antes que um protocão ganhasse a liberdade (ou fosse usado para ajudar nas caçadas dos homens), o problema da reprodução na selva teria de ser resolvido. Para que, no cenário romântico, uma espécie doméstica fosse desenvolvida com sucesso (uma espécie capaz de resistir ao apelo da selva e de escolher livremente o convívio com a sociedade humana), uma vasta população de lobos precisaria ser mantida em cativeiro por um período de tempo relativamente longo. Mesmo assim, a grande dificuldade técnica desse processo estaria além dos meios e até da compreensão dos trogloditas. Convém lembrar que os cães domésticos surgiram bem antes de os humanos realmente "domesticarem" as plantas ou aprenderem a arte da agricultura em grande escala — estamos lidando aqui com um conceito revolucionário sem precedentes.

Em vista do exposto, os Coppingers acreditam que um processo de seleção genética deve ter ocorrido naturalmente, e não artificialmente. Sustentam que esse mecanismo seletivo natural apareceu quando os homens passaram a viver em aldeias e a depositar seu lixo fora dos limites da área habitada. Involuntariamente, pela concentração de recursos, os antigos aldeões acabaram por selecionar, no genoma inteiro dos lobos selvagens (ou protocães), os menos ariscos (traço de acessibilidade): nesse cenário, os últimos detritívoros a fugir da aproximação com os homens e os primeiros a voltar depois que estes partiam ficavam com a porção maior de lixo e finalmente prevaleceram, na luta pela sobrevivência, sobre os mais cautelosos. Por fim, o medo de humanos diminuiu nesses espécimes a ponto de, voluntariamente, cruzarem a linha entre a vida selvagem e a sociedade dos homens, tomando lugar junto à lareira. Os homens, então, teriam descoberto as vantagens de conservar por perto um protocão domesticado – para manter a casa limpa, acompanhá-los na caça e mesmo, talvez, ajudá-los a capturar outros animais gregários que pudessem ser também domesticados. Os Coppingers veem no lixo da aldeia um filtro natural de genes que se prestaram às nossas finalidades modernas; isso aconteceu sem a necessidade onerosa de alojar e alimentar quaisquer animais, e bem antes que se percebesse alguma utilidade em um investimento deliberado em semelhante aventura.

Em apoio a essa tese, os Coppingers mencionam uma experiência com criação de raposas iniciada nos anos 1950 pelo cientista soviético Dmitri Belyaev. Ele queria demonstrar que as mudanças comportamentais, e não as físicas, acionaram o processo de domesticação. Belyaev selecionou, entre milhares de indivíduos, as raposas selvagens menos ariscas e, em um tempo relativamente curto, a experiência produziu espécimes semelhantes aos cães tanto em temperamento quanto em características físicas. Aparentemente, muitas mudanças anatômicas acompanharam a resposta minimizada ao estresse em raposas que foram selecionadas por não terem medo dos homens. Os Coppingers, de seu lado, descobriram que em quase todas as aldeias de países subdesenvolvidos existem cachorros que não pertencem a ninguém, mas estão sempre por perto e às vezes participam de diversas atividades, tirando seu sustento do lixo.

Também corrobora a tese dos Coppingers o fato de a acessibilidade do animal estar diretamente ligada ao fenômeno chamado neotonia, como dito anteriormente: persistência na idade adulta de traços anatômicos e comportamentais da infância. Por isso se diz que o cão doméstico é um lobo que nunca cresceu. Eternos filhotes, eles se sentem instintivamente atraídos pelos seres humanos, da mesma forma que os filhotes de quaisquer animais se sentem atraídos pelo que, ou por quem, esteja inicialmente exposto (conforme Konrad Lorenz demonstrou em suas famosas experiências de "cunhagem" com gansos-bravos jovens). Stephen Budiansky, em *Truth About Dogs* [A Verdade sobre os Cães], afirma que a neotonia não apenas explica o fenômeno da domesticação, mas também como as raças dos cães evoluíram graças a esse mesmo mecanismo. Em sua opinião, aquilo que os criadores definem como um traço de raça é, na verdade, um reflexo infantil extraído de seu contexto instintivo próprio. Os cães de determinadas raças se apegam, por assim dizer, a um elemento particular do repertório completo que existe nos lobos adultos.

Se os Coppingers estiverem certos, poderemos então traçar uma linha reta do lixo da aldeia ao cão doméstico pelo traço de acessibilidade e do fenômeno da neotonia. Mas e quanto aos outros animais que também se sentem atraídos pelos seres humanos? Em outras palavras, onde ficam as raposas-cães, para não falar dos guaxinins, ursos, coiotes etc. de estimação? A neotonia e a alimentação nos depósitos de lixo humanos não bastariam para domesticar uma espécie, pois isso deve ter acontecido muitas vezes antes que os filhotes de todas as espécies se tornassem atraentes aos olhos dos homens. Nem seria preciso mencionar que um traço característico do cão domesticado é sua incansável perseguição da presa, de onde o termo "teimoso", e, em algumas raças, um nível sem paralelo de agressividade. (Logo pensamos nos *pitbull terriers*, que, paradoxalmente, são considerados uma das raças mais infantilizadas: sempre achei estranho que sua dentição seja tão frágil em comparação com a força de sua mordida.) Como a tendência à perseguição incansável e o temperamento feroz poderiam ser traços infantis?

Essa é, na verdade, a melhor explicação do motivo pelo qual não existem raposas-cães nem nenhum outro tipo de animal-cão selvagem. Se a submissão é o que permitiu ao protocão abrir caminho para a lareira e o coração humano, então o cão de caça selvagem da África é um candidato mais provável que o lobo, pois suas interações sociais se caracterizam por um indivíduo tentando submeter os demais.

Assim, se a aparência e a acessibilidade desempenharam algum papel na domesticação, esse papel não foi decisivo. O animal tinha de ser útil aos homens e é aí que a agressividade, tornando-o sujeito à socialização e disponível para a domesticação, se torna importante. A combinação especial de todos esses fatores é que tornou o protocão tão impressionantemente útil, de várias maneiras, para a humanidade e também tão persistente nas tarefas que os homens estabeleceram para eles – o que de modo algum é uma aptidão infantil. Isso, a meu ver, desqualifica a tese de Budiansky, segundo a qual o cão adulto das mais diversas raças está simplesmente inserido em uma dada seção do código de comportamento canino.

Enfim, o que significa dizer que os cães são domesticados? Segundo Stephen Budiansky, os cães, na verdade, não respondem emocionalmente a nós; pelo contrário, os instintos de submissão e dominação na matilha são confundidos pelos donos com estados emocionais humanos, reforçadas por recompensas e afeto. Esses instintos são usados pelo cão para "cativar" o dono (mas ninguém se queixa disso, é claro). Assim, em resposta à pergunta de Pollan – "O que os cães sabem e os lobos ignoram?" –, a ciência diria que os cães "sabem", no nível do "gene egoísta", como explorar (por meio do fenômeno da neotonia) o impulso de proteção da psique humana. Muitos cientistas modernos caracterizam o relacionamento emocional entre cão e dono como uma rua de mão única: o dono tem a emoção, o cão responde com instintos que imitam e capitalizam a mesma emoção. Sem dúvida, isso gratifica as necessidades emocionais do dono, de modo que os cães se tornam cada vez mais populares e bem-tratados, disseminando seus genes por toda parte, em conformidade com a teoria evolucionária clássica.

Portanto, o modelo atual afirma que o cão domesticado é amistoso, pronto a obedecer e impressionável devido a uma mente ingênua, podendo assim ser treinado para uma ampla gama de serviços e inserido em qualquer estilo de vida.

Mas pode a ciência explicar todos os tipos de comportamento que observamos? Comecei este capítulo com a história de Illo e do despertador — uma anedota que enfatiza as impressionantes capacidades dos cães, nem sempre enquadráveis nas teorias modernas. Sem dúvida, anedotas como essa são frequentemente consideradas não científicas porque é impossível reproduzi-las em laboratório; no entanto, como se multiplicam constantemente, tornam-se significativas e descartá-las seria também uma atitude não científica.

Cruiser, o pastor que já mencionei, manteve seus donos acordados a noite inteira porque seu vaivém e gemidos incessantes pareciam um sinal de que ficaria doente. Os donos saltavam da cama a cada quarenta e cinco minutos para caminhar com ele. Repreendiam o animal, achando que estava ficando muito importuno – mas, então, sua casa foi sacudida por um leve terremoto e, logo depois, Cruiser adormeceria. Os donos se sentiram péssimos. Da mesma forma, o tsunami de 2004 na Indonésia trouxe à baila centenas de histórias de cães e outros animais que se comportaram de maneira estranha horas antes do apocalipse.

E o que dizer de cães que "leem" seres humanos? Conheci alguns que detectaram intenções criminosas em pessoas desconhecidas, as quais, conforme depois se constatou, estavam prestes a cometer delitos. Um cachorro policial, em seu primeiro dia de trabalho, descobriu um criminoso em uma reunião de adolescentes em um estacionamento, vigiando da viatura cada gesto do homem.

Passando para outro tipo de capacidade extraordinária, conheço uma pequena *cockapoo* cinza, Maxine, que se escondeu em um trailer em uma parada de caminhões perto de sua casa em Brewster, Nova York, e só foi descoberta pelo motorista em um posto de gasolina de Ohio. Discando o número que viu na coleira de Maxine, o motorista avisou aos donos, mas o bichinho escapou antes que ele o levasse para o canil local, de onde seria resgatado. Meses depois, a família abriu a porta dos fundos para deixar entrar Fant, seu pastor-alemão, e quem entra, magra e toda suja? Maxine, a fujona!

Karina, cadela pertencente à minha sogra, saía de um sono profundo e corria para uma porta ou janela de onde se podia ver qualquer guaxinim que entrasse no quintal; isso aconteceu durante uma epidemia de raiva, quando todos nos preocupávamos muito com guaxinins. Em nossa fazenda de Vermont, Illo sempre percebia raposas além do horizonte, fora de vista, e, assim como Karina, não usava o faro.

Voltando a Cruiser, seus donos me contaram que certa vez ele acompanhou um hóspede da casa durante um fim de semana inteiro e, infelizmente, descobriu-se mais tarde que o homem tinha uma doença terminal. Um cão de guarda que treinei para o Hospital de Stamford, em Connecticut, certa feita arrastou

Tony, seu acompanhante, pelo estacionamento, com o vento pelas costas e não podendo farejar nada, até um carro onde um homem cometera suicídio após assassinar a esposa. Segundo Tony, o cão simplesmente percebeu que havia algo de muito "ruim" naquele carro.

Essa capacidade não obedece ao paradigma vigente, sendo o mais das vezes atribuída ao sentido do olfato; no entanto, vi inúmeros exemplos de cães, gatos e cavalos que percebiam coisas pelo olhar, quando o faro não estava envolvido. O olfato não explica tudo.

Nem mesmo o comportamento comum dos cachorros obedece ao paradigma vigente. Por que, digamos, um cão se senta quando vai receber um biscoito? Parece óbvio dizer que ele se senta *na expectativa* de uma recompensa. Agitamos o biscoito diante de seus olhos, arregalados e brilhantes de ansiedade, e as palavras imediatamente brotam de nossos lábios: "Ele *pensa* que vai ganhar um biscoito". Um comportamentalista nos lembraria que, tecnicamente falando, o cão *associa* o ato de sentar-se com a possibilidade de ganhar um biscoito. Mas por que os gatos não apreciam viagens de carro nem ficam excitados com o tilintar das chaves? Por que eles não se sentam para ganhar alguma coisa? Não é porque os gatos não possam ser treinados para isso; eles podem, e a questão está justamente aí: os gatos *precisam ser treinados*, ao passo que os cães aprendem e tomam essa atitude espontaneamente. O motivo não é que os cães sejam mais inteligentes que os gatos. Mesmo os macacos, mais "espertos" que gatos e cães, precisam ser treinados para se sentar e aguardar uma recompensa. E todo treinamento deste mundo não produziria em um macaco o desempenho cheio de entusiasmo do cão que, sentado sob uma cadeira na hora do jantar, espera uma migalha cair da boca do bebê.

Os cães "sabem" o que os humanos querem (ainda que os próprios humanos não o saibam)

Ao longo da vida – crescendo perto do canil de meu pai, que era quase uma fazenda, e depois montando um negócio próprio em um sítio de minha propriedade –, tenho cuidado de muitos animais. Na maioria cães, é claro, mas também gatos. Meu pai possuía um pequeno rebanho de gado de corte, além de alguns cavalos e pôneis. Tratei de ovelhas, cabras, gralhas, galinhas, pombos de competição e, de vez em quando, porcos.

Tendo alimentado dezenas de milhares de animais, o único que me ameaçou ou tentou me morder quando cheguei perto ou lhe apresentei a comida foi um cachorro. Cavalos, carneiros e bois davam empurrões, cabeçadas ou mordidelas uns nos outros quando eu me aproximava com sua refeição; os cavalos escoiceavam os cães que rondavam por ali à cata de alguma sobra; e os porcos literalmente tentavam comer meus pés caso um pouco de lavagem escorresse do cocho para dentro de minhas botas. Mas nenhum desses bichos jamais me agrediu por causa de comida. Só os cães exibem essa propensão. Por quê? Porque, se o cão quer aquilo, *sente* que o homem também quer. O cão é a única criatura capaz de concentrar o humano, o "eu" e a comida *em um único sentimento* ao mesmo tempo. Mas isso funciona em duas direções. Os cachorros querem o que o ser humano quer *apenas porque o ser humano o quer*. Eles não *sabem* que, sentando-se, ganharão a recompensa do alimento. Ao contrário: pela emoção, o cachorro torna-se o igual, mas também o *oposto* do humano quando se senta na frente de uma pessoa de pé. Ambos se tornam uma só mente em torno de um desejo.

A mente grupal evolui em torno do "Grande Desejo"

É importante notar, a respeito dos lobos, que eles evoluíram nas latitudes setentrionais, não nas meridionais. Isso é decisivo, pois o lugar onde evoluíram determinou a presa que caçavam. O mais notável quanto aos grandes e perigosos animais de presa do norte – como o alce, o boi-almiscarado e o bisão – é que eles se defendem em bandos bem coordenados. Já nas savanas da África, a estratégia de sobrevivência da maioria das espécies de presa – como os gnus, as zebras e as gazelas – é a segurança pelo número e a velocidade. Virtualmente, nenhum animal de presa se arrisca a uma luta solitária com um leão. Assim, deslocam-se em grandes manadas e, quando um predador ataca, fogem em todas as direções recorrendo à estratégia evolucionária de tentar confundir o inimigo. No norte, os búfalos e bois-almiscarados se reúnem em círculos fechados, com os mais vulneráveis comprimidos no centro: não fogem, contra-atacam. Isso é duplamente significativo porque os lobos, mesmo em alcateia, são fisicamente inferiores a um alce. Qualquer desses animais pode despedaçar com facilidade um lobo solitário. Como salientam os Coppingers, as mandíbulas dos caninos são relativamente fracas se comparadas às dos felinos e outros "superpredadores". Uma alcateia é, fisicamente, inferior a um alce sozinho, que pode se impor a vários lobos; e, como na selva ser ferido é quase uma sentença de morte, não vale a pena para o predador vencer uma luta e sair machucado. Os lobos precisam ficar livres do perigo. Assim, caçar uma presa mais forte é o "polo" oposto do que acontece no outro lado da Terra. Não é a presa que tenta confundir o predador, *o predador é que tem de confundir a presa.* Ao contrário de outros grandes predadores que caçam por instinto, os lobos caçam por *sensação.*

Os lobos precisam *sentir* qual presa está ficando nervosa e prestes a sair das fileiras, fazendo com que toda a formação se rompa. Mais: eles precisam sentir qual outro membro da alcateia está sentindo a mesma coisa para trabalharem em sincronia, respondendo instantaneamente, como um só, à mudança rápida das circunstâncias.

À diferença dos cães de caça selvagens da África, que normalmente atiram sua presa ao chão, onde é devorada viva, mas indefesa devido à exaustão, o lobo só tem sucesso quando consegue mudar a maneira de sentir de sua vítima. Para o lobo, não há duas presas iguais.

Se os lobos caçam por sensação, e não por instinto ou mesmo por astúcia, o que isso implica para a neotonia e a ideia de uma "superior capacidade emocional"?

Costumamos pensar na mente recém-nascida ou pueril como uma etapa de transição no processo de desenvolvimento, que logo será superada pela mente adulta do cão maduro. Nunca pensamos na mente pueril como uma plena faculdade de inteligência por direito próprio. Mas, como James Serpell observa em *The Domesticated Dog* [O Cão Domesticado], até um feto é um especialista altamente evoluído, pois se adapta ao complicado nicho da vida no útero. Creio que essa é também a maneira mais correta de encarar a mente infantil do cão. Este não supera sua mente pueril porque dessa forma ele consegue aprender. A mente pueril reduz coisas e situações complexas aos valores simples, primários da emoção, o nível básico do significado – de outra forma, a mente adulta não conseguiria se adaptar à novidade.

Além disso, a mente infantil anseia por mais informações do que pode processar, o que, no adulto, se torna uma capacidade dos sentidos, um esquema mental "magnético" que lhe diz como se juntar a seus iguais *em torno de um desejo comum*. Os traços infantis podem migrar para a idade adulta e transformar-se em aspectos fixos de uma disposição madura. A sexualidade não passa de uma elaboração da neotonia e, a meu ver, isso acontece porque, fundamentalmente, a sexualidade está mais a serviço da sincronização das atividades grupais altamente coordenadas do que da reprodução.

O que os humanos primitivos sabiam sobre criação e genética? Eles só sabiam o que queriam: "Quero aquele alce, aquele pássaro, aquela lontra, aquele rastro de sangue, aquele rato, aquele veado, aquele pato, aquele lobo". E então, *voilà!*, hoje temos cães que caçam alces, pássaros, lontras, rastros de sangue, veados etc. Os homens dizem: "Quero aquele papagaio-do-mar" – e lá está para isso o *lundehund* norueguês especializado nessa tarefa, de juntas duplas ou triplas, capaz de tocar a base do rabo com a ponta do focinho e de vencer ângulos impossíveis ao subir nos fiordes para surpreender ninhos de papagaios-do-mar. Em minha leitura da natureza dos cães, a paixão em comum ou *compaixão* – "Está sentindo o que eu sinto?" – é o modo pelo qual a energia transpõe a brecha criada pelos genes, pensamentos e instintos que, de outro modo, manteriam as espécies separadas.

Há alguns anos, o Discovery Channel exibiu um documentário sobre o curioso relacionamento entre baleeiros aborígines da Nova Zelândia e baleias-assassinas. Em minha opinião, isso explica em parte como o homem e o lobo fizeram contato e firmaram um acordo que foi se tornando cada vez mais sólido e incrivelmente variado com o passar dos séculos, sendo até mesmo retomado por baleeiros ocidentais. Talvez devamos chamar essa hipótese de "cenário xamânico".

Segundo o documentário, os povos nativos fizeram um contrato de trabalho com as baleias-assassinas: elas trariam baleias migratórias do alto-mar para a baía Two Fold, onde poderiam ser facilmente arpoadas, levadas para a praia e desossadas. Essas baleias eram grandes demais para que as assassinas as caçassem sozinhas, podendo ainda mergulhar mais fundo e permanecer sob a água muito mais tempo; e, como viviam em mar alto, os pequenos botes dos pescadores não conseguiam alcançá-las. O documentário apresentou testemunhos oculares de filhos desses baleeiros ocidentais; foram incontáveis narrativas de como trabalhavam juntos para obter o que uns e outros desejavam. Isso, sem dúvida, nos dá uma visão de como o homem primitivo e o lobo fizeram contato.

Aprendi, em uma vida inteira dedicada aos cães, que *a natureza se conforma à força do desejo.* Quando dois seres querem a mesma coisa, acabam por se comunicar. E quando dois seres querem a mesma coisa sem que nenhum deles consiga obtê-la sozinho, eles entram em um acordo. Um desejo em comum tece a teia da vida, uma rede de sentimento.

PARTE II

Minha vida com os cães

CAPÍTULO 4
A ÚLTIMA PALAVRA

Quando eu era criança, durante o verão, quase todas as segundas-feiras de manhã ia com meu pai, na perua da família, recolher e entregar cães em Nova York. Na capota do carro, papai colocou uma pequena figurinha de metal de um *pointer* inglês, cinza e branco, vestido com sua própria camiseta da Universidade Canina. Todas as viagens da família começavam e terminavam com aquele cachorro aparentemente apontando o caminho.

Meu pai cresceu durante a Grande Depressão, na pequena cidade de Hoosic Falls, onde aprendeu a se virar com pouco; o pai dele era doente e morreu cedo; a despensa dos Behan estava quase o tempo todo vazia. O que menos poderiam querer seria mais uma boca para alimentar, mas era justamente isso que papai desejava: um cachorro. Posso imaginá-lo, menino, percorrendo uma estrada poeirenta de Hoosic Falls, no estado de Nova York, enquanto um rico desportista passava por ele com seu bem treinado perdigueiro no carro. Essa imagem ficou gravada em sua mente, não tenho dúvida, e o levaria ao sucesso. Trabalhou aqui e ali, pegando qualquer emprego, mesmo o de coveiro, até que um dia, na estação de Hoosic Falls, viu chegar um trem trazendo em um engradado de madeira o objeto de seus sonhos: um filhote de *collie*.

Para meu pai, boas maneiras eram tudo e ele quis que seu primeiro cachorro fosse tão bem treinado quanto o de qualquer ricaço. Com base no que aprendeu em livros sobre adestramento de cães, ensinou o básico ao seu e levava-o para onde quer que fosse – ao trabalho, a encontros, a bailes do colégio. Sabia-se sempre onde Jackie Behan estava só por se poder ver seu cão esperando-o nas proximidades. Papai afirmava – e eu nunca tive motivos para duvidar – que seu cão era o mais bem-comportado da cidade.

Durante a Segunda Guerra Mundial, meu pai deu um jeito de entrar para o programa de cães do exército, o que lhe permitiu ter acesso a uma abordagem formalizada do treinamento canino. Cães eram doados de todas as partes do país e enviados para o campo de adestramento do exército, na Virgínia, onde aprendiam diversas técnicas de combate: guarda, ataque, rastreamento, busca e resgate, detecção de explosivos e entrega de mensagens. Antes que os cães de patrulha chegassem às florestas das Filipinas – a maioria *doberman pinschers* –, a expectativa de vida de um patrulheiro era de sete horas. Depois que os cães treinados foram entregues às patrulhas, mais nenhum homem caiu em uma emboscada.

O programa de cães de guerra moldou muitos dos pontos de vista de meu pai sobre cães e treinamento. Como oficial, ele era responsável por todos os tipos de cães que se possa imaginar: puros-sangues, vira-latas, rejeitados, marotos, preguiçosos e imprestáveis. Sua função consistia em encontrar um meio de aproveitá-los. Trabalhando com uma ampla variedade de cães, de todas as origens concebíveis, convenceu-se de que podia treinar qualquer um para fazer o que ele quisesse, ou seja, de que qualquer cão podia ser transformado conforme seu desejo. Aprendeu que as influências ambientais têm mais peso na evolução e comportamento de um cão do que sua herança genética.

Após cumprir seu serviço militar, escreveu um livro intitulado *The Dogs of War* [Os Cães de Guerra], publicado pela editora Charles Scribner's. Isso lhe valeu o convite para um programa de rádio de audiência nacional que entrevistou pessoas por trás do esforço de guerra americano. O programa recebeu vários convidados notáveis, entre eles Robert Oppenheimer, o inventor da bomba atômica. Enquanto esperava ser chamado, meu pai temia acabar perdido no meio daqueles figurões militares – mas, para sua surpresa e deleite, quase todas as perguntas do público foram dirigidas a ele: "Como ensino meu cão a se sentar?", "Como faço para que ele atenda ao meu chamado?", "Por que alguns cachorros mordem?". As pessoas queriam saber mais sobre cães do que sobre a desintegração do átomo. Percebendo o enorme interesse pelo comportamento e o treinamento de cachorros, papai concluiu que poderia viver daquilo que mais gostava de fazer. Assim, dependurou uma tabuleta à porta de seu estabelecimento da rua 86 Leste, em Manhattan, e iniciou uma carreira que o tornaria, possivelmente, o primeiro treinador de cães de família da América.

Por fim, transferiu o negócio para Connecticut, onde minhas três irmãs e eu nascemos, e o sucesso o acompanhou. Celebridades como Ed Sullivan, Rex Harrison, Robert Goulet, Roger Maharis, Shelly Winters e muitos outros ricos e famosos – como os Strauss, os Johnsons (da Johnson & Johnson) e os Rockefellers – ouviram falar de papai e solicitaram seus serviços. No cortejo de celebridades e milionários que vinham regularmente ao canil, lembro-me bem de um príncipe saudita com um *afghan hound* que, quando viu Eileen, minha irmã mais nova, e seus olhos matizados de três cores, ofereceu por ela uma soma considerável. O príncipe levou seu cachorro, mas nós ficamos com minha irmã.

Durante a Crise de 1929, papai teve de deixar a faculdade, mas, leitor voraz que era, aprendeu sozinho várias matérias, podendo conversar com qualquer um por muito tempo sobre praticamente todos os assuntos. Possuíamos em casa mais livros que a biblioteca local. Estudando a fundo os animais, ele reconheceu bem cedo a marca do lobo no cão doméstico e acabou por rejeitar o ponto de vista vigente na época, segundo o qual o lobo era um monstro enorme e horrível como o da história de Chapeuzinho Vermelho. Cresci ouvindo-o dizer aos clientes e ao público de suas palestras que, "fora os casos de animais infectados por raiva, não existe nenhum episódio documentado de que um lobo tenha atacado um homem".

Meu pai via o lobo como um ser social altamente evoluído e nisso muito semelhante aos homens – algo que, hoje, pressinto ser mais verdadeiro do que ele ou qualquer outra pessoa jamais tenha imaginado. É justo esclarecer que ele foi o primeiro treinador de cães domésticos a explicar ao público que o cão da família exibe a estrutura social altamente evoluída do lobo. Quando eu era garoto, ele me deu o livro *Never Cry Wolf* [Não Se Alarme à Toa] e essa história de um pesquisador solitário vendo além dos estereótipos convencionais de sua época foi uma influência inspiradora.

Quando estávamos na cidade por ocasião de nossas excursões semanais, e meu pai entrava em apartamentos de luxo para recolher ou entregar cães, eu permanecia no carro para poder acionar a buzina caso algum guarda de trânsito aparecesse. Depois, saindo de Manhattan, passávamos pela loja do Upper East Side, onde meu pai iniciou seu negócio de treinamento de cães com "Chum" Stropnicky e mantinha um pequeno escritório. Papai brincava com Chum e respondia às suas mensagens telefônicas, enquanto eu ia buscar sanduíches na lanchonete próxima.

Às vezes, para passar o tempo a caminho de casa, eu tentava imaginar o que as pessoas da cidade sentiam quando nos visitavam no campo. Fingia que estava vendo aquilo tudo pela primeira vez. Na primeira hora, corríamos pela via expressa e depois, na meia hora seguinte, por pequenas estradas municipais que iam atravessando fazendas e assentamentos suburbanos, entre o condado de Westchester, Nova York, e o condado de Farfield, Connecticut. Finalmente, saíamos da rodovia 7, em Ridgefield, já em Connecticut, para uma estradinha estreita, de roça, que logo entrava por um túnel de estrada de ferro, de mão única, feito de pedra. Quando saíamos do outro lado, era como se houvéssemos sido lançados para fora de um tubo que nos levava da loucura da megalópole nova-iorquina para uma dimensão inteiramente nova: West Redding, Connecticut. Dali, a estrada prosseguia subindo e descendo colinas íngremes, ladeadas ao longo do percurso por velhos muros de pedra que a luz do sol iluminava, filtrando-se por entre as árvores. Um lago de castores assinalava o começo de meu território familiar. Cerca de meio quilômetro adiante, a estrada Chestnut Hill corria por entre campos de cercas brancas com um lago e um pequeno rebanho de cavalos e vacas, com nossos celeiros e canil aparecendo à distância. Depois de virar à direita para a estrada Marchant, entrávamos em uma longa entrada para carros, onde se via uma tabuleta em estilo colonial com os dizeres: "Universidade Canina: Onde seu Cão é um Aristocrata".

A entrada subia um pouco e contornava uma fonte localizada entre dois grandes celeiros de madeira. Em um dos lados do pátio erguia-se nossa casa, com vista para um lago. Perto dos celeiros, uma série de obstáculos, plataformas e muros de escalada, onde cães policiais e de guarda eram treinados. Atrás dos celeiros, no alto de uma colina, estava o edifício do canil para os cães residentes.

Meu pai deixava tudo muito limpo. A piscina brilhava, os gramados viçosos eram meticulosamente cuidados. Edifícios e aparelhos estavam sempre pintados de novo. A Universidade Canina tinha um visual perfeito. Os donos, saindo dos carros, perguntavam em tom de brincadeira se também podiam ficar no canil com seus cães. Quando me tornei treinador, eles se mostravam dispostos a acreditar em tudo o que eu dissesse desde o momento em que chegavam.

Nos primeiros anos, papai estabeleceu ali uma atmosfera universitária. A equipe usava blusas com frases e o uniforme da casa. Os cães em treinamento faziam um curso de cinco semanas, ao fim do qual recebiam um diploma de "excelência canina". Das paredes da sala de treinamento, perto da Universidade Canina, pendiam flâmulas de Harvard, Yale, Stanford e outras instituições de ensino superior.

Afora toda essa exibição de parafernália universitária, a vida na Universidade Canina era quase uma vida de fazenda porque tudo ali girava em torno de animais. No nosso caso: cães — milhares e milhares deles. Cães pequenos, cães grandes, cães bonzinhos, cães "malvados", cães policiais, cães de guarda, cães de caça, cães domésticos, cães abandonados. Ir à igreja aos domingos, celebrar aniversários e dias santos, férias familiares – tudo isso sempre vinha depois dos cuidados com o canil e do empenho em fazer o trabalho mais rápido e eficiente possível.

Ao contrário de outros garotos de minha idade, não aprendia sobre animais nos filmes da Disney, nos programas de televisão ou nos livros. Eu saía com meu pai quando algum empregado nos chamava porque o cão estava incontrolável, quando tinha sido atropelado na estrada ou quando mantinha a polícia fora de uma casa na qual ela precisava entrar. Abria trilhas no mato para os cães rastreadores que papai estava treinando, escondia-me no celeiro para ser achado, limpava e esterilizava os objetos cujo cheiro os cães deviam distinguir. Aprendi a acalentar pombos e escondê-los em arbustos para que os perdigueiros em treinamento os procurassem. Menino ainda, aprendi também a tirar um cão assustado do fundo de seu canil sem que ele me mordesse. Aos treze anos, podia lidar, durante horas, com um cão hirsuto e intratável, prestes a me agredir.

Gostasse ou não do que um animal fazia, isso não afetava em nada a maneira como interpretava seu comportamento. Se um cavalo se assustava e me atirava fora da sela, eu podia me machucar, mas sempre entenderia que ele estava apenas respondendo instintivamente ao medo. Não havia nada de errado em recear o que um cavalo pudesse fazer, e eu de vez em quando ficava realmente furioso, mas nunca achei que por isso o animal fosse "malvado". Muitos cavalos eu não conseguia domar, mas sabia que em algum lugar existia alguém capaz de fazer aquilo com facilidade. Para mim, qualquer ato de um animal tinha sentido e sempre havia uma maneira de contornar a situação caso eu entendesse o que se passava no íntimo da criatura. Foi o que meu pai me ensinou, e eu acreditava em tudo o que ele me dizia.

Não achava, porém, que estivesse aprendendo nada de especial. Considerava-me o "menino do canil". Não fazia ideia de que tinha acesso ao mais bem equipado laboratório de pesquisa, capaz de investigar os recessos mais profundos da natureza: um mundo de cães, cães e mais cães.

Treinar cães com meu pai não era apenas ensiná-los a levantar-se, sentar-se e ficar quietos. A filosofia de treinamento de meu pai baseava-se no fato de que os cães, como seu antepassado, o lobo, são imbuídos de uma ordem social inata muito semelhante à dos homens. Primeiro, uma figura autoritária deve se apresentar, e então a ordem seguirá naturalmente. Ele acreditava que tanto os cães quanto as crianças anseiam instintivamente pela orientação de um líder apto a lhes impor limites. Segundo meu pai, a sociedade, humana ou canina, mantém-se unida pela autodisciplina e o autossacrifício inspirados em um bem maior definido pela figura autoritária. Em um grupo, se cada membro fizer o que bem entender, o resultado será o caos.

A imposição de limites é o que acontece, na visão de meu pai, quando um cão adulto disciplina o filhote ou os pais corrigem o filho. Certa vez, ele criou uma ninhada juntamente com a mãe e moldou sua filosofia e método conforme o que observou em suas interações. Acreditava piamente que só quando as orientações são definidas com a maior clareza pelo líder da matilha (o que hoje chamamos de "alfa") os jovens desenvolvem uma resposta positiva à autoridade e à vida. Na opinião de meu pai, a capacidade de controlar os impulsos primitivos em deferência à autoridade é o que permitiu aos seres sociais erguerem-se acima do nível do instinto animal básico. De outro modo, a barbárie se imporia.

As ideias que meu pai articulou no início dos anos 1950 eram o que havia de mais moderno na época e, desde então, ganharam vida própria. Um dia, já durante a década de 1970, enquanto almoçávamos, mamãe atendeu ao telefone e disse a papai que o monge de uma ordem do estado de Nova York queria falar com ele. Juntamente com seus irmãos, o monge estava organizando um programa de criação e treinamento. Ele queria saber se papai, como uma das maiores autoridades do país no assunto, poderia dar algumas dicas ou assistência a seu projeto. Aparentemente, o monge pensava que os treinadores de cães são pouco mais que colegiais e deve ter ficado aturdido quando papai, à sua inimitável maneira, respondeu: "Por que devo lhe dar de graça o que me custou tanto tempo e dinheiro para aprender?". Papai voltou à mesa parecendo muito satisfeito consigo mesmo. Não tinha ideia de que a tocha já fora passada adiante. Os Monges de New Skete iriam ensinar à nova geração de donos que um líder de matilha é o melhor amigo do cão.

Fundamentadas na pesquisa científica e graças a outras contribuições, essas ideias constituem hoje o dogma institucionalizado na matéria. Trata-se de uma teoria sedutora, que fere uma nota sensível na psique humana. Certa vez, na década de 1970, quando eu começava a assumir mais responsabilidades, ofereci-me para atender um cliente fora de hora. Os cães desse cliente tinham passado por treinamento durante duas semanas, mas ele prorrogou sua viagem de negócios por mais duas, e os cães ficaram conosco por esse tempo extra. Meu pai fizera a conta e fiquei surpreso, para não dizer um tanto nervoso, quando vi que ele cobrara quatro semanas de treinamento em vez de considerar as duas últimas como alojamento. Dizer que o homem ficou chocado seria pouco. Quebrei a cabeça para acalmá-lo. Não conseguindo justificar por que ele estava sendo cobrado pelo treinamento e não pelo alojamento durante as duas semanas extras, sugeri chamar meu pai. O homem, verdadeiro magnata da indústria, alguém que provavelmente andara passando por cima de muita gente no país inteiro, sorriu e perguntou-me: "Que tal eu pagar os mil e quinhentos dólares para você *não* chamar seu pai?". Essa foi a mais vívida demonstração que tive do domínio que meu pai exercia sobre as pessoas. Ele era mais que um líder de homens, era um líder de cães – em suma, um alfa.

A verdade, obviamente, é que mesmo antes de meu pai e dos Monges de New Skete, bem como das teorias fornecidas pela ciência, os donos de cães já tendiam, por instinto humano, a se considerar o "cão supremo". Sentiam que o cachorro tinha de "conhecer seu lugar" e "aprender quem era o chefe". Meu pai, e agora Cesar Millan, apenas levam em conta uma predisposição instintiva já existente na psique humana. Desde o começo, tentei separar intelectualmente nosso método de treinamento da prática comum, mas uma vozinha em meu íntimo sussurrava que a teoria da matilha não era tão científica assim. Achava que devia haver uma maneira pela qual um cão pudesse, a seu próprio modo, compreender a essência daquilo que lhe pedíamos durante um treinamento de obediência. Supunha que ele fosse capaz de entender realmente o que queríamos, não da maneira humana, mas da maneira pela qual os cães entendem as coisas, seja ela qual for.

Enquanto isso, papai observava que donos de cães rebeldes eram muitas vezes pais de filhos irrequietos. Quando as famílias chegavam com seus cães, a primeira coisa que papai fazia era controlar as crianças. Em geral, elas saltavam imediatamente do carro e se espalhavam pelas imediações, como uma mancha de óleo, a fim de ver as vacas e cavalos, e para descobrir onde seu cão e os outros eram mantidos. Mas, em pouco tempo, papai conseguia fazê-las sentarem-se calmamente em um banco da sala de treinamento, enquanto explicava aos pais que o segredo de uma relação feliz com um cão era a disciplina e que, da mesma forma, crianças comportadas aumentam a alegria da família, diminuindo sua ansiedade. Papai podia discorrer horas sobre como um líder forte torna fortes seus subordinados. Eu observava, concordando. Para mim, aquilo funcionara.

No tumulto dos anos 1960, pessoas atormentadas por seus cachorros e frustradas com seus filhos pareciam sedentas do que papai dizia. Sua expressão favorita – "A disciplina é uma prova de amor bem organizada" – ecoava no momento certo em cada apresentação e sempre arrancava exclamações de surpresa ou de assentimento do público. Às vezes, quando ele dava uma consulta em seu escritório, o interfone tocava em casa e nós o ouvíamos dizer a mamãe: "Betty, estou aqui com umas pessoas que gostariam de conhecer você e as crianças". Atravessávamos o pátio e esperávamos nossa vez de ser apresentados, geralmente a um casal elegante, bem vestido e imaculadamente limpo, com seu ar de prosperidade acrescentando um toque seleto ao escritório, que em outros momentos parecia familiar e acessível.

Como treinador de cães, meu pai insistia em uma coerência absoluta em se tratando de regras. O respeito à autoridade era um princípio sagrado. O controle das emoções funcionava como o padrão áureo em nossa família. As pessoas sempre se aproximavam de nós em restaurantes e supermercados a fim de cumprimentar meus pais pelo comportamento dos filhos. Comportar-se bem significava igualmente que tudo o que fizéssemos deveria contribuir para o lar e os negócios. Em nossa família, vigorava uma rígida hierarquia: tudo se subordinava às necessidades do pai e às exigências do negócio. Ele acreditava que filhos têm de ser educados e que as conquistas pessoais dependem menos do talento do que da firme determinação, bem como da liderança e orientação benevolentes. Estabeleceu na mente a imagem de como deveríamos ser e trabalhou para que nos enquadrássemos nessa imagem. Se eu não cantasse suficientemente alto na igreja – e ele sempre se sentava atrás de nós –, logo sentia seu dedo me cutucando as costas. Queria que eu me destacasse, mas, infelizmente, isso só me fazia tomar mais consciência de minhas limitações.

Conforme eu já disse, quando comecei a trabalhar em tempo integral com meu pai depois da faculdade, não tinha motivos para questionar a teoria de que os caninos se organizam em matilha sob a orientação de um líder. Afinal, ele era um dos treinadores de cães mais bem-sucedidos do mundo. Por vários anos, apresentou o Westminster Kennel Show no Madison Square Garden e nossa família inteira se hospedava no Waldorf Astoria. Estivera na TV e aparecera em campanhas publicitárias nacionais da American Airlines e dos cigarros Camel, merecendo ainda um verbete de destaque no *Livro dos Cães* da revista *National Geographic*. Era bonitão como um ator de cinema e gostava da vida ao ar livre: um verdadeiro "Homem Marlboro", embora, no fim, tivesse trocado o cigarro pelo cachimbo.

Todavia, de vez em quando, um cão fazia algo que desconcertava a todos, os outros treinadores e até meu pai. Se eu chamava a atenção para um comportamento interessante ou inusitado, este era visto em geral como algo cômico, indigno de consideração séria. Ou podia ser descartado com uma resposta seca.

Por exemplo, se acaso um cão inferior ou mesmo o menor da ninhada chegava primeiro a um osso, rosnava e exibia as presas para não largar seu prêmio. Intrigava-me o fato de o pretenso líder não lhe tomar o osso. Por que o atrevido não era castigado por insubordinação? Uma desobediência dessas não seria tolerada em nenhuma organização hierárquica humana. Um soldado, no exército, não pode esconder o conteúdo de sua mochila do oficial superior. Papai dizia: "A posse equivale a nove décimos da lei". Mas o que significava isso? A que lei se referia?

E havia Rommel, o pastor-alemão de meu pai, que deixava seus filhotes fazer o que quisessem com ele. Suas vorazes lambidas, mordiscadas, arranhões e patadas pareciam imobilizá-lo até ele se estender no chão com um misto de dor e êxtase, tão indefeso quanto Gulliver amarrado pelos liliputianos. Quando não conseguia mais suportar a dor infligida pelos dentes agudos dos filhotes, Rommel fugia. Não procurara, no começo, impor sua autoridade aos pequenos, como meu pai recomendava que os donos fizessem. Por que os cães jovens tinham tamanha liberdade e por que a perdiam tão logo entravam na idade madura?

Obviamente, os machos eram mais agressivos do que as fêmeas. As estatísticas provavam isso e, na selva, a maioria dos líderes são lobos machos. Aqueles cães problemáticos eram tipicamente considerados dominadores, mas eu notei que, ao contrário das estatísticas, quase sempre a fêmea "dominava" seu parceiro. Mais incongruente ainda, todo cachorro pequeno "dominava" o cachorro grande com o qual vivia, embora, nas ninhadas, fosse sempre o menor que precisava ser ajudado a sugar as tetas ou a mamadeira porque não conseguia ir atrás do alimento. Talvez o maior problema da teoria da matilha fosse que, quando cães vivem com um gato, invariavelmente o gato "assume" o controle da situação.

Eu tirara as notas mais altas em biologia na universidade e me interessava muito pela teoria da evolução. Por isso, perguntei-me: "Se apenas o casal de lobos dominante procria na selva, como poderiam os genes da submissão subsistir no acervo genético dos cães, para não mencionar que a grande maioria destes age de maneira submissa e não dominadora? Se a submissão foi o vínculo social de uma matilha, a fonte da cooperação, por que os cães demasiadamente submissos têm de ser considerados nervosos ou problemáticos? Como poderia haver excesso de algo supostamente bom?"; Jamais encontraríamos um motivo razoável para dizer a um dono: "Seu cão confia demais em você". Mas muitas vezes achamos alguns cães exageradamente submissos.

Por que um líder não raro é visto como "exageradamente dominador" e nunca diríamos que um bom líder é "demasiadamente líder"? Submissão não é sinônimo de cooperação; dominação ou característica alfa não é o principal ingrediente da liderança. Devo admitir que nunca gostei de ser submisso. Por que um cão gostaria? A ideia de dominação é natural ou foi simplesmente transposta dos homens para os animais? E, se não existem coisas como dominação e submissão, qual foi o princípio natural que fez de um indivíduo um líder e os demais felizes em segui-lo? Que lei pode ter sido essa?

Também comecei a perceber que minha mente não funcionava como a dos outros no assunto cães. O que os outros achavam óbvio, eu não achava; e o que eu achava, eles não achavam: as pessoas eram incapazes de fazer esses tipos de conexão. Quando eu apontava a meu pai, a algum outro membro da equipe e mesmo aos clientes fatos que me pareciam anômalos, surpreendia-me a rapidez com que se irritavam comigo. Questionar primeiros princípios tocava em um nervo muito sensível. Concluindo que devia aprender mais do que me fora ensinado no curso de biologia da universidade, encomendei o então recente livro de Edmund Wilson, *Sociobiologia*. Mas, depois de lê-lo, ocorreram-me perguntas ainda mais intrigantes.

Em seu famoso estudo, Wilson popularizou a ciência da sociobiologia, segundo a qual certos traços de comportamento são herdados porque aumentam a aptidão genética, assim como mudanças nas estruturas físicas se devem a uma crescente aptidão do corpo.

Essa ciência usa a matemática da proliferação genética para explicar a agressividade, a escolha de parceiros, o altruísmo e o comportamento social complexo tanto nos animais quanto nos humanos. Em se tratando da questão específica de saber como os genes da submissão poderiam ser transmitidos se apenas o macho dominante procria com a fêmea dominante, a sociobiologia afirma que a seleção para o predomínio na verdade aumenta os genes da submissão em um acervo genético. Isso ocorre porque, na matilha, a maioria dos indivíduos tem algum grau de parentesco e, portanto, ajudar os pais de filhotes que carregam certa quantidade de genes de um lobo ômega de baixa linhagem significa que uma parte de seus genes será disseminada no futuro por meio da descendência do casal alfa. Essa lógica parece confirmada pela impressionante cooperação de todos os membros da matilha, que trazem comida para os pequenos. Há até as figuras prototípicas do "tio" e da "tia", que ficam para trás a fim de cuidar dos filhotes quando a matilha se afasta por um longo período em busca de uma caça maior. A matilha inteira cuida dos pequenos como se estes fossem seus filhos.

No entanto, isso significa que selecionar para a predominância é o mesmo que selecionar para a submissão – e em grau ainda maior. Portanto, nem a predominância nem a submissão podem ser consideradas fundamentais, o que prontamente contradiz o elemento-chave do modelo hierárquico da matilha, segundo o qual a predominância é decisiva. Pela teoria da matilha, é justamente o fato de todos os indivíduos quererem mandar que permite à nata dos pretendentes alfa chegar ao topo.

A teoria da matilha, baseada na explicação genética do comportamento, sustenta que quando um indivíduo alfa toma o poder, passa a reprimir essa pretensão nos demais a fim de gerar no grupo o espírito de equipe. Mas que outro sistema, na natureza, se baseia na repressão de uma energia fundamental? Todos os componentes de um sistema não seriam solidários, de sorte que a repressão da energia não pudesse ser um meio de atingir a desejada condição de harmonia? À primeira vista, talvez parecesse que a hierarquia de poder incentivava a cooperação, mas eu começava a achar que isso era mais uma maneira intelectualmente oportuna de ligar os dois fatos – que existe uma ordem muito desenvolvida no modo como os caninos convivem, sendo os cães notoriamente solidários. A ideia de dominação e submissão não me soava como uma explicação das mais coerentes para esses fenômenos, pois eu via a natureza como o todo se expressando por meio do bom funcionamento das partes.

Sem dúvida, submissão e dominação não passavam de derivativos de algo mais fundamental. Elas deviam constituir as faces opostas da mesma moeda para que, quando um indivíduo "dominador" fosse selecionado, também o fossem os "submissos", com suas características, mas opostas. Os traços que interpretamos como dominação e submissão têm de estar em equilíbrio dentro de uma dinâmica fundamental que constitua o verdadeiro padrão organizador. Faltava alguma coisa e eu queria encontrar esse princípio unificador.

Trabalhávamos com cães policiais e de guarda na Universidade Canina. Graças a eles, aprendi finalmente que, não importava qual fosse, esse impulso básico era mais forte que a reprodução e mesmo a sobrevivência. Um cão vigoroso e bem treinado cumpre sua tarefa mesmo com risco de morte, embora não tenha consciência do perigo que corre. Mas como surgiu esse impulso? O mesmo cão esfregará o focinho em uma trilha e a seguirá ainda que sinta por perto o cheiro de uma fêmea no cio; isso prova que há nele um impulso mais poderoso que a urgência de procriar. Curiosamente, um cão policial confiante é calmo em situações normais, mas enfrentará um criminoso com mais impetuosidade do que os cães que exibem os traços clássicos da dominação: pelos eriçados, dentes à mostra, rosnados, postura de ataque e linguagem corporal agressiva. Percebi que aquilo que os comportamentalistas chamam de exibições de poder eram reflexos relacionados à insegurança e ao medo – portanto, disfuncionais e não sociais.

O que mais me intrigou no texto do dr. Wilson sobre sociobiologia foi a observação de que ficara intrigado com o modo pelo qual os cães de caça selvagens da África – os mais igualitários dos caninos em seu cotidiano social e que têm várias ninhadas durante toda a estação de cria – praticam o infanticídio, com uma mãe sacrificando os filhotes de outra. O dr. Wilson viu nisso uma contradição de termos, pois era uma negação radical da maneira com que, em uma matilha, todos os lobos adultos cuidam da única ninhada gerada anualmente pelo casal alfa reprodutor. Na década de 1970, eu ainda não colocara isso nos seguintes termos: apesar do igualitarismo e da submissão encontrados nos cães selvagens, parece que, quando não estão caçando, não constituem uma unidade, um todo emocional dinâmico como os lobos.

O problema com *Sociobiologia* é que uma teoria genética do comportamento não fornece um modelo daquilo que ocorre dentro do animal; e eu estava convencido de que, sem um modelo, não podemos realmente fazer distinções precisas e usá-las para aperfeiçoar esse pensamento. Para mim, emoção era energia, mais profunda que o instinto e mais fundamental que qualquer dinâmica genética; de fato, hoje acredito que os genes acompanharam a emoção e não o contrário. A nova ciência da epigenética, estou certo, justifica minha tese de que emoção é energia e de que os genes obedecem a esse esquema.

A tese que parece articular melhor o que se passa na mente do cão é a teoria da matilha, segundo a qual a sociabilidade decorre da hierarquia de poder. Entretanto, a partir de minhas experiências, passei a ver a teoria da dominação como algo cada vez mais irracional e que os homens a impuseram aos cães. Em particular, fato ainda mais curioso e que nem sequer foi aberto à discussão, sugere-se que os homens *precisam* ver a dominação como parte da constituição dos cães. A hierarquia de poder pressupõe uma ordem ou sistema social em que os integrantes se acham em franca oposição entre si, uma parte necessitando ser reprimida pela outra. Contudo, em lugar algum da natureza se vê um sistema semelhante.

Talvez porque as exibições de dominação e submissão sejam os comportamentos mais evidentes na vida da matilha, e talvez porque os caninos sejam tão sociais e cooperativos à sua maneira, nós, automaticamente, associamos as duas coisas como causa e efeito. A mil metros de distância, munido de um binóculo, o pesquisador de lobos pode com a maior facilidade descobrir o indivíduo "dominador" na alcateia ao vê-lo maltratar os demais. Mas, em uma caçada, as distinções são mais difíceis de serem feitas. Cada membro do grupo se movimenta com desenvoltura e propósito; nenhum fica para trás. É impossível perceber quem lidera quem – qual dos lobos, se é que algum o faz, está dando ordens e assumindo o comando. Presume-se que o comportamento da alcateia determina seu grau de cooperação na caçada. Como os instintos do grupo, à primeira vista, se enquadram no paradigma evolutivo e predeterminado da "sobrevivência dos mais aptos", a teoria da matilha parece lógica. Suas inconsistências passam despercebidas. A verdadeira fonte não é investigada.

Invariavelmente, sempre que eu persistia nessas discussões, elas iam ficando cada vez mais acaloradas até parecer que já não versavam sobre cães, mas sobre algo muito mais importante: o modelo da hierarquia de poder canina servia para justificar certos atos humanos isolados. Levei anos para entender por quê. Apesar de tudo o que eu lera sobre cães, nenhum cientista, comportamentalista ou escritor jamais delineara claramente um modelo capaz de abranger a infinita plasticidade do comportamento canino ou de prever em grau confiável a sociabilidade desses animais. Contudo, eu achava que devia existir um princípio infalível, válido em qualquer situação e sob quaisquer circunstâncias.

CAPÍTULO 5

O PROBLEMA DA BIOLOGIA

Um de meus problemas com a biologia era intelectual.

Embora fôssemos católicos, e eu frequentasse as aulas de catecismo ministradas por freiras, minha mãe e meu pai nos estimulavam a ser intelectualmente curiosos. Durante o jantar, tudo era objeto de debate, mesmo a religião. Papai gostava de ciência e filosofia, e chegávamos à mesa preparados para discutir os problemas diários de um modo mais profundo. Embora pudesse me queixar da educação que recebia e do estilo de argumentação dos Behans, eu aguardava com interesse por aquelas conversas. Exultava ao descobrir alguma falha no raciocínio do interlocutor, e meus pais reconheciam quando minhas irmãs ou eu estávamos certos. Também admirava a sagacidade de meu pai ao apresentar um argumento aparentemente deslocado que, contra minhas expectativas iniciais, acabava acertando bem no alvo.

Não é de estranhar que, a certa altura da conversa em torno da mesa, o tema da evolução viesse à tona. Fui formalmente apresentado a essa matéria no curso de biologia do colégio e lembro-me de que fez total sentido para mim. Aceitei a noção de que formas complexas de vida evoluíram de processos químicos orgânicos mais simples, os quais, por sua vez, vieram de fenômenos eletromagnéticos. Portanto, concluí sem dificuldade, quando comecei a estudar seriamente a natureza dos cães, que a psique deve ter evoluído do físico e, como os sistemas físicos sempre se organizam em torno de princípios de energia, que isso deveria valer também para sistemas sociais complexos.

Eu via ali minha base intelectual, mas não algo que pudesse aplicar de forma concreta ou prática: tratava-se apenas de uma teoria abstrata. Entretanto, depois que me tornei treinador de cães, fui ficando cada vez mais curioso com respeito ao comportamento animal. Voltei-me para o mundo natural em busca de processos energéticos e físicos simples, como origem de um sistema operacional universal nos animais, assim como o princípio fotovoltaico universal das plantas. Achava também que as adaptações bem-sucedidas de sistemas físicos baseados na energia continuaram evoluindo, de espécie em espécie, até se tornar sistemas de consciência psicológicos altamente eficientes em organismos mais avançados. Por exemplo, não fazia sentido para mim que a "bússola magnética" interna dos animais – ou a capacidade de os gansos e as borboletas-monarcas voarem certeiramente milhares de quilômetros até seu destino – parara de evoluir. Sem dúvida, adaptações bem-sucedidas como essas deviam estar se transformando em sistemas comportamentais mais complexos. Confirmei isso ao aprender que todo mamífero, incluindo os humanos, possui um minúsculo fragmento de magnetita no canal auditivo interno, por motivos que a ciência convencional não explicou ainda.

Parecia igualmente lógico que habilidades físicas tão avançadas como a localização pelo eco dos morcegos e golfinhos teriam também de continuar evoluindo para funções sociais mais sofisticadas. Talvez por isso muitas pessoas cegas desenvolvam intuitivamente um sistema de batidas com a bengala a fim de se localizar pelo eco (na África, vários povos indígenas retêm um vocabulário de estalidos com a língua em seus idiomas).

Mesmo quando criança eu via a natureza como um todo interconectado e por isso aceitava a ideia da evolução: era bastante razoável que o complexo proviesse do simples. O que não fazia sentido era espécies evoluírem por meio da competição, a luta pela existência depender da luta da presa contra o predador em uma corrida armamentista biológica. Parecia mais aceitável que as espécies animais estivessem ecologicamente ligadas umas às outras como duas metades do mesmo círculo, já que combinavam tão perfeitamente em forma e função. Para mim, o beija-flor era a outra metade da flor. As espécies estavam em comunicação e não em competição, sendo a evolução o processo pelo qual duas metades separadas se uniam de modo a gerar nova energia para ambas. Era como se o beija-flor emergisse do néctar em vez de, geneticamente, explorá-lo. Eu sabia que, de algum modo misterioso, os animais eram fundamentalmente iguais, comunicando-se e distinguindo-se nos termos desse denominador comum – assim como todo ponto do círculo tem o mesmo centro, embora sua posição seja única relativamente aos eixos norte, sul, leste e oeste dessa figura geométrica. O paradoxo da natureza é que a posse em comum gera ao mesmo tempo a diversidade. Li em algum lugar este provérbio chinês, que resume muito bem minha ideia: "A natureza é intricadamente simples e simplesmente intricada".

Tudo o que aprendi sobre cães foi cultivado por um longo período de tempo, gerando inúmeras experiências. Uma delas foi uma vida passada quase toda ao ar livre. Quando criança, eu era tímido – dolorosamente tímido. Hoje, eu mereceria um prêmio. O dia não terminava sem que eu sentisse uma vontade incontrolável de escapar para os bosques vizinhos; e era uma vontade que, felizmente, quase sempre podia ser satisfeita.

Ao passar do campo aberto para a mata, uma mudança se operava em mim. Caminhando por onde alguém pudesse me ver, eu era contido, educado, pronto a dizer alô e a explicar aonde estava indo e por quê. Mas, no bosque, corria como um alce, percorrendo uma curta distância e depois parando para olhar e ouvir antes de continuar. Ziguezagueava pelo mato, evitando moitas e folhas secas, tentando fazer o mínimo de barulho possível. Escondia-me e estava sempre atento: via as outras pessoas muito antes que elas me vissem. No mato, eu era invisível.

No momento em que penetrava na floresta, sentia um desejo, um anseio, uma aspiração que me arrebatavam. Não procurava nenhum lugar especial; não estava em busca de panoramas magníficos ou clareiras ensolaradas. Ia a lugares em que me parecia que ninguém jamais tinha ido – vales ocultos, trechos de pântanos e solidões esquecidas. Ali, podia permanecer por horas.

Gostava de tudo naqueles lugares: um raio de sol filtrando-se por entre os ramos, a água escorrendo por baixo de um velho muro, o musgo macio, a névoa. Eu mergulhava no devaneio, mas nem por isso deixava de ficar alerta a qualquer som ou movimento. Sempre sentia que algo de muito especial aconteceria, algo ainda fora de vista, talvez um animal na próxima curva do caminho. Mas não era só isso. Embora soubesse que não poderia esperar ver outra coisa além do que meus olhos enxergavam, assaltava-me uma espécie de pressentimento, a expectativa de que alguma coisa estava prestes a acontecer, como se a floresta guardasse um segredo e, se eu ficasse em silêncio, olhando até onde meus olhos pudessem alcançar, teria um vislumbre do mistério. Escolhia um recanto e começava a prestar atenção a meus pensamentos, sensações e mudanças sutis à minha volta, bem como a tudo o que isso me fazia sentir. Ao fim de certo tempo, perdia a noção de onde meus pensamentos terminavam e os arredores começavam. Aqueles sítios eram sagrados e a ideia de fazer o mínimo ruído me parecia a violação de uma quietude antiga, imemorial. Raramente levava um cachorro comigo. Cachorros estão sempre irrequietos, bisbilhotando ou querendo brincar. Um cão ficaria entediado se eu quisesse permanecer por muito tempo em um lugar só. Certa tarde, mantive-me quieto por horas, enquanto um alce jovem e curioso se aproximava a poucos centímetros de mim. Isso não aconteceria se eu tivesse um cachorro comigo. Quando eu era criança, nunca pensei nos cães como companheiros.

Quando passamos boa parte do período de formação e fantasia de nossas vidas sozinhos nos bosques, a capacidade de observar e perceber detalhes se torna altamente aguçada. Notamos as menores mudanças no ambiente e é fácil imaginar que existam processos imateriais ocultos sob a superfície. De algum modo, eu sabia que todas as coisas estavam interconectadas, exceto um ponto na sequência. Isso me parecia mais real do que qualquer coisa que jamais aprenderia em uma aula ou em livro. A sensação de ressonância tornou-se meu crivo de aferição; e quando eu aprendia alguma coisa de um professor ou de um livro sem sentir que havia nela a mesma intensidade de ressonância encontrada nos bosques, nunca aceitava completamente a lição. Sabia dar as respostas certas em provas e exercícios, mas, se não sentia ressonância, punha um asterisco mental no fato ou conceito.

Durante toda a minha vida escolar, ninguém me viu como um livre pensador porque nunca me metia em discussões intelectuais, a não ser com minha família. Levantar a mão em classe era difícil para mim e, além disso, eu descobrira que, quando fazia as perguntas que me intrigavam (e eram raras), muitos professores ficavam irritados. Achavam que eu estava sendo "do contra", quando, na verdade, apenas não conseguia articular o conteúdo do que perguntava. Ao concluir que a biologia do colégio não me acrescentava nada, julguei que a da universidade preencheria as lacunas. Mas, vendo que a biologia da universidade gerava mais perguntas que respostas, imaginei que, se lesse mais livros sobre ciência avançada, do tipo que não é transmitido ao estudante universitário médio, as coisas começariam a fazer sentido. Infelizmente, quanto mais lia, menos parecia que a ciência biológica estava falando da natureza com a qual eu estava familiarizado.

No fundo, porém, meu problema com a biologia não era intelectual, derivava dos fatos biológicos da vida, comuns a qualquer adolescente. Um dia, quando tinha uns doze ou treze anos, cavalgava meu pônei, Scout, perto da fazenda do coronel Steichen, o fotógrafo, famoso no mundo inteiro. Chegando aos limites da propriedade, deparei com um monte de lixo: parecia que alguém esvaziara um escritório e amontoara tudo ali, no meio da mata. Havia pedaços de armários de arquivos e outros materiais de escritório. Vasculhando a pilha, encontrei um calhamaço de fotos. Ao manuseá-las, vi que eram de mulheres nuas. Estou certo de que o tratamento devia ser dos mais artísticos, mas, depois de alguns segundos contemplando-as em um silêncio perplexo, meu corpo começou a despertar para os mistérios e maravilhas da forma feminina. Senti como se houvesse descoberto uma espécie inteiramente nova de animal selvagem, exótico e mágico que vivia em minha floresta. Antes daquele momento, eu conhecia meninas, senhoras, tias, irmãs, mães, viúvas e por aí afora; agora, conhecia mulheres. E daí por diante, sempre que uma dessas aparições sublimes de uma forma de vida celestialmente encarnada se aproximava de mim – fosse uma bonita jovem trazendo seu cachorro para nosso canil ou uma líder de torcida amiga de minhas irmãs mergulhando na piscina, com sua carne macia, curvilínea, e seus movimentos sensuais –, eu me sentia como se houvesse sido cortado em dois. Agora, uma parte de mim já não me pertencia e eu desejava ardentemente trazê-la de volta.

Assim, a biologia da adolescência apresentou-me uma verdade brutal.

Menino, concluíra que cedo ou tarde acabaria igual ao meu pai. Tinha a impressão de que, por ser seu filho, éramos basicamente semelhantes. Achava que seu encanto, humor, personalidade vigorosa e autoconfiança passariam para mim quando eu crescesse. A vida, seguindo seu curso, imprimiria em mim a necessária gravidade que permitira a ele abrir caminho no mundo. A meu ver, se tivesse certas experiências de vida, caçasse com os adultos, arranjasse um emprego e sobrevivesse à Guerra do Vietnã, caso fosse convocado, tudo se arranjaria. Eu cresceria e seria normal. Até aquela cavalgada pela floresta, supunha ter tudo de que precisava: meu pônei, meu pequeno trator de jardim e meus esconderijos. Mas, depois de ver as tais fotos, me dei conta da situação e do mundo em derredor. Via outros rapazinhos de minha idade interessados em garotas: conversavam com elas, flertavam e arriscavam-se a levar um fora. Isso me conscientizou de que já não podia fugir e de que não era de modo algum igual ao meu pai.

Logo depois de minha descoberta zoológica, percebi como era enorme a distância entre mim e a normalidade. Na esfera social, estava totalmente paralisado, e quanto mais uma garota me atraía, mais o *rigor mortis* emocional me dominava. Não tinha amigos como uma plataforma a partir da qual pudesse lançar uma expedição a esse reino desconhecido e misterioso. O desejo e a paixão explodiram dentro de mim; o buraco negro da inadequação, do qual era impossível fugir, me engoliu.

Até aquele momento eu fora um mestre na arte de desviar a atenção de mim. Ia e vinha sem deixar rastros. Não tinha nenhum dom, talento ou habilidade que me assinalassem como uma criatura especial. Mas agora ficara claro que ser obediente e seguir as normas ensinadas por meu pai não bastaria para resolver o problema. Se eu não mudasse as coisas, não teria parte alguma do mundo maravilhoso no qual entrara com meu pônei. A timidez estava me condenando a uma vida de solidão desprezível, cuja enorme profundidade eu até aquele instante sequer considerara possível.

Assim, elaborei um projeto de autoaperfeiçoamento. Como papai fora um astro do futebol no colégio, fui procurar o técnico do time dos calouros. Esperei durante anos para jogar na equipe universitária. Pratiquei vários esportes, inclusive corrida de longa distância. Cheguei a treinar uma forma violenta de caratê *full--contact*. Aprendi a suportar todas as provações, a aguentar todos os golpes. Controlei o medo e as inibições, permanecendo firme quando seria mais fácil fugir. Desenvolvi nervos de aço e passei a aceitar qualquer desafio. Agora olhava as pessoas diretamente nos olhos e meu aperto de mão era firme, viril. Se alguém dizia que alguma coisa não podia ser feita, eu logo queria provar que o sujeito estava enganado.

No meu último ano de colégio, papai abateu um urso preto em uma caçada, o que era uma grande notícia em nossa cidadezinha. Uma bonita repórter do jornal local apareceu para escrever a história de sua façanha. Papai dependurou o urso em uma trave do segundo pavimento de nosso celeiro e posamos juntos, sob o troféu, para a fotógrafa. Terminadas as perguntas principais que queria fazer a meu pai, ela se virou para mim e indagou várias coisas sobre cachorros, cavalos, caçadas de cervos e jogos do time de futebol da escola. E no fim observou: "Uau, você é o verdadeiro garoto americano!". Meu coração deu cambalhotas. Aquele era o primeiro sinal de que meu programa de treinamento funcionava. Uma garota bonita me dizia que eu estava no caminho certo.

Depois de me formar no colégio, comecei a trabalhar com meu pai. Para mim, aquilo era um "bico" de meio expediente: queria juntar algum dinheiro e depois pegar a estrada para ver como era o mundo. Mas, já se pode adivinhar, um ano sucedeu a outro e acabei me tornando treinador profissional de cães na Universidade Canina.

Durante os primeiros anos em que trabalhei com papai, não me ocorreu questionar sua teoria da matilha, a noção de que a sociedade canina era organizada como uma hierarquia de poder sob a liderança de uma figura alfa. Afinal, pessoas ricas e famosas de todas as áreas constituíam nossa clientela. Das paredes da sala de treinamento e do escritório pendiam testemunhos, fitas, placas e troféus. Quando comecei a ter minhas próprias ideias sobre comportamento canino, e mesmo quando elas levaram a uma nova forma de treinamento (como seguir as normas prescritas pelos adestradores alemães para criar filhotes), eu não achava que contradizia os métodos de meu pai. Supunha apenas que elaborava uma perspectiva nova. Eu colocaria minhas ideias sob o signo da Universidade Canina para promover ainda mais sua reputação, não suplantá-la.

Nos anos 1970, porém, os fundamentos teóricos estavam mudando, justamente quando eu começava a estudar seriamente a natureza dos cães. A questão mais polêmica que surgira era a da castração. Observei uma impressionante alteração no modo como as pessoas encaravam os cães machos. Lembro-me perfeitamente de quando o problema de castrar ou não um filhote macho começou a inquietar os donos. Eles estavam ouvindo de um número crescente de veterinários e especialistas que castrar apresentava vários benefícios clínicos e comportamentais para os cães machos. Enquanto a definição de comportamento social canino esposada por meu pai era tradicional, pois ele falava da mente individual do cão moldada pela evolução sem deixar de ser "sua", agora o mercado comportamentalista se concentrava nos genes. Todo comportamento de um cachorro era visto como produto da dominação; e, como a dominação implicava luta pelo poder a fim de garantir os privilégios de procriação e proliferação de genes, castrar cães removeria a fonte da agressividade. Uma intensa pressão social foi exercida sobre os donos, de modo que, na cabeça deles, manter um cão não castrado em casa equivalia a hospedar um psicopata violento e imprevisível.

Eu não via nisso nenhum motivo para me preocupar. Minha família sempre tivera cães machos não castrados como bichos de estimação. Muitos dos que alojávamos e treinávamos eram assim. Treinávamos cães policiais e de guarda pessoal: nenhum era castrado e todos se comportavam sem violência quando fora de serviço, vivendo vidas longas e saudáveis. Quando os cães agiam mal, nós não atribuíamos isso só à testosterona. Em nossa visão, comportamentos problemáticos pressupunham desequilíbrios sociais e não hormonais. Acreditávamos que qualquer cão criado e treinado adequadamente aprenderia a se adaptar perfeitamente ao estilo de vida do dono.

Todavia, na década de 1970, o comportamentalismo e o modelo de dominação de lobos e cães monopolizou o campo das ideias, com o debate sobre a castração lembrando mais um cisma teológico. Na década de 1980, castrar ou não castrar era um assunto melindroso. Era praticamente impossível debater equilibradamente esse tema. Se eu abordava o tópico em uma reunião de aficionados por cães, todos se enfureciam comigo – eu nunca achara a castração necessária. À medida que aperfeiçoava meu modelo, fui percebendo que machos castrados eram mais problemáticos que machos "inteiros", o que me valeu o rótulo de herege. Eu observara que, quanto mais atraídos sexualmente dois cães se sentiam um pelo outro, menos possibilidade havia de que chegassem a brigar. Mas esse argumento lógico não se impunha a ninguém e achei melhor me conter. Sempre que eu sugeria a um dono evitar a castração, ele se mostrava visivelmente aborrecido ante a perspectiva de discutir o assunto com seu veterinário, criador, treinador ou vizinho.

O que eu achava mais estranho era essa suposta conexão entre sexualidade e agressividade ser reservada quase exclusivamente para caninos. Quando biólogos, antropólogos, sociólogos e comportamentalistas estudavam o mundo dos primatas, exaltavam a luxúria do bonobo como o segredo de sua sociabilidade. Para o bonobo, toda interação social, não importando o sexo ou o vínculo familiar, repousava na capacidade de satisfazer sexualmente o parceiro. A meu ver, os bonobos eram castos em comparação com os cães: ora, se maior sexualidade fortalece os laços comunitários, por que não preservar o impulso sexual dos cães? Mas sucedia o contrário: de repente, o comportamentalismo canino se tornara o novo puritanismo.

Eu sabia, por experiência própria na tentativa de me integrar à vida social, que a sexualidade é importante para nos tornarmos maduros e emocionalmente equilibrados. Minhas observações dos cachorros mostravam-me que uma sensualidade exuberante lhes permite aproximar-se uns dos outros sem se sentir estressados e apreciar realmente o contato físico, no que diz respeito aos treinamentos de proteção, em um nível de intensidade incrivelmente alto. Os bons cachorros gostam do contato físico.

Minha carreira como jogador de futebol no colégio ajudou-me a entender essas coisas. Durante os dois primeiros anos, só me preocupava com a estratégia de sobrevivência. Mal fazia ideia de que essa estratégia tivesse algo a ver com ganhar um jogo. Não conseguia vencer o medo de meus próprios companheiros, quanto mais aceitar o time adversário: era o inimigo inabordável, um cenário de pesadelo que eu bloqueava. Os adversários queriam me machucar. Mas depois que provei o gostinho da glória futebolística em uma partida universitária, em meu primeiro ano de faculdade, levar um tranco, cair ou me contundir já não parecia doer tanto. De fato, o primeiro choque depois do pontapé inicial baniu toda a ansiedade pelo resto do jogo. Gostei de ser golpeado porque isso me dava vontade de devolver o golpe. Sem dúvida, os grandes atletas, ao contrário de mim, tinham essa atitude desde o início. Não pediam permissão porque ansiavam pelo contato como parte de sua natureza. Os grandes pugilistas de minha juventude foram Muhammad Ali e o "durão" Joe Frazier; vendo-os em programas e entrevistas de televisão, percebia-se logo que gostavam de contato físico e agressão verbal. Assim, compreendi, sem demora, que a sexualidade estava relacionada diretamente à sensualidade, ao gozo do próprio corpo; ela nos transformava emocionalmente, de modo a não precisarmos aliviar a tensão pelo reflexo ou pelo hábito.

Quando comecei a jogar futebol, eu não tinha essa capacidade, que me faltava também no discurso social. Ao conversar com alguém, sentia uma pressão se avolumando dentro de mim e meu maior desejo era terminar a conversa o mais rápido possível. Via, porém, que as pessoas gostavam de estar perto umas das outras e de bater longos papos. Falavam apenas de coisas superficiais, mas eu estava tão mistificado pelo prazer que elas sentiam na conversação que às vezes me aproximava sorrateiramente para captar alguns fragmentos dos assuntos maravilhosos que deviam estar discutindo.

Por fim, compreendi que talvez fosse agradável trocar ideias, mesmo com estranhos, só pelo prazer de trocá-las – um prazer que eu estava perdendo. O que me faltava emocionalmente, não obteria de nenhum livro: era algo que teria de desenvolver fazendo contato com o mundo. E o que me faltava intelectualmente, na compreensão dos cães, eu não encontraria jamais na biologia, já que sexualidade e sensualidade eram vistos como termos pejorativos.

CAPÍTULO 6
A TEORIA DO MOMENTO PRESENTE

Lembro-me exatamente de onde estava e do que fazia quando tive a revelação que mudou minha maneira de pensar sobre os cães. Ela deu respostas a todas as perguntas suscitadas pelo que eu vira ou aprendera a respeito deles em meus vinte e seis anos de vida em uma família dedicada a esse negócio.

Estávamos em 1978, e eu me dirigia ao canil para começar o que esperava ser apenas mais um dia de limpeza, alimentação, tratamento e treinamento de cães. Enquanto caminhava, ruminava algumas ideias. Uma delas era o comentário feito por meu pai sobre um cachorro que treinávamos para serviço de proteção. Ele me explicou: "Um cachorro não morde para proteger o dono. Morde para proteger a si mesmo. Por isso, precisa ser treinado. Se puder fugir de um criminoso, jamais lhe ocorrerá que o dono não possa fazer o mesmo, e é esse o motivo pelo qual tem de aprender a permanecer ao lado dele e lutar". Até onde entendia de cães, meu pai estava certo. Na selva, não há veterinários para curar animais feridos, portanto, precisam evitar brigas.

Combinei esse conceito com o de que os cães não têm noção de tempo. Os nossos ficavam tão excitados ao me ver voltar de uma ida até a caixa de correio quanto ficariam se eu regressasse de uma caçada de duas semanas. Assim, os cães só poderiam perceber seu próprio ponto de vista, nunca o de outros, e apenas um momento no tempo, nunca o que talvez sucedesse no futuro nem o que se pudesse deduzir com base no passado. Voltaremos ao assunto de como a memória funciona nos cães, mas a frase que uso para resumir a distinção entre a memória do cão e a do homem é esta: o cão não lembra, mas nunca esquece.

Naquela manhã, concluí que a "teoria da mente", como é hoje conhecida – a capacidade de reconhecer que outra criatura tem um ponto de vista diferente e de usar o passado para sondar as possibilidades do futuro –, dizia respeito ao processo mental chamado cognição. Disso os cães não eram capazes, embora, obviamente, pudessem adiar ações no tempo graças a um comportamento adaptativo. Em minha mente, devia haver outro mecanismo que tornasse a coerência com o comportamento ao longo do tempo algo mais que uma recordação mental, para então eu visualizar um leque de possibilidades no futuro ao qual acomodasse melhor minhas experiências passadas.

Eu sabia também que a personalidade do cão era a maior influência isolada em seu treinamento e modo de aprender. Por exemplo, era fácil conseguir que um cão sensível parasse de fazer alguma coisa, como saltar no sofá: bastava uma correção firme e ele não reincidia. Mas depois só com muita dificuldade caminhava ao meu lado caso houvesse outro cão por perto para distraí-lo. Não era fácil, porém, dissuadir um cão rude de fazer o que ele queria; mas, depois de aprender o exercício de obediência de caminhar ao lado do dono, não se deixava distrair com tanta facilidade. Os cães que os donos sempre caracterizavam como "espertos" tinham simplesmente um temperamento mais sensível, e não maior astúcia mental. Passavam um mau bocado em nosso canil, onde precisavam conviver, em um espaço reduzido, com todo o barulho e o caos gerados por um bando enorme de outros cães. Já os donos de cachorros mais rudes nunca relatavam façanhas espetaculares de inteligência, como abrir portas girando a maçaneta ou encontrar óculos de sol perdidos em uma trilha. Tipicamente, eram considerados um pouco broncos porque sua rudeza os tornava resistentes às correções. No entanto, apesar desse temperamento forte, acostumavam-se facilmente às mudanças e se sentiam à vontade no canil.

Estava ficando claro para mim que o chamado poder cerebral dos homens equivale, nos cães, ao temperamento. Os cães não têm pensamentos diferentes e, sim, diferentes maneiras de aprender. Quando são fortes em um aspecto, são fracos em outro. É como se um tipo de temperamento se sintonizasse em uma classe de estímulos, enquanto outro tipo obedecesse a uma categoria de variáveis totalmente diversas. Cães sensíveis sofrem com as mudanças e se "desligam", cães rudes ganham força com as mudanças e se "ligam". Esses dois tipos veem o mundo de modos diferentes e aprendem de modos diferentes, o que nada tem a ver com "esperteza".

Ao fim do trajeto, levando a mão ao trinco da porta do canil, ocorreu-me de súbito que, quando estava emocionalmente absorvido em alguma atividade, eu também não tinha a mínima noção da passagem do tempo ou das possíveis consequências de meus atos. Sob forte emoção, só conseguia avaliar as coisas de meu próprio ponto de vista, nunca do de outros. Enfim, a variação de meu humor é que determinava como eu aprendia e quão facilmente me dispersava. Essas linhas de raciocínio convergiram para uma conclusão simples: tudo o que um cão faz ou aprende é de natureza emocional. Cada ação se encaixa em uma sequência emocional. Em outras palavras, a emoção é uma forma de energia. Assim como os raios X, infravermelho, ultravioleta, a radiação e o magnetismo representam uma fatia específica do espectro eletromagnético, cada comportamento canino integra um espectro emocional. Não importa quão diferentes em natureza os comportamentos pareçam entre si, todos brotam da mesma fonte: a emoção – base única do comportamento canino.

Atravessando o corredor central do canil, fui puxando uma a uma as cordas para levantar as portinholas dos fundos de cada compartimento. Cada cão reagiu de maneira diferente ao meu gesto, mas ainda assim eu podia ver agora que todas as respostas aconteciam realmente em função da emoção. Isso me levou a perceber, como se uma pintura indistinta entrasse em foco, que havia um denominador comum simples em cada comportamento, presente em tudo quanto eu já vira os cães fazendo. Reconheci logo que, fosse observando um filhote correr para pegar um pedaço de pau, ajudando um cão a concluir um exercício de obediência difícil, divertindo-me ao vê-lo brincar, analisando o modo como os lobos se organizam em grupos de caça ou deixando cães sair de seus compartimentos no canil, no fundo disso tudo havia o mesmo denominador comum: a mesma emoção.

Esse desejo era expresso – pelo menos foi o que concluí naquele dia, de forma mais primitiva – por meio do impulso de latir, agarrar ou morder. Chamei a ele "impulso de ingestão". Por esse motivo, a primeira coisa que um filhote faz na vida é correr atrás de qualquer coisa em movimento e agarrá-la. No entanto, como essas ações são primitivas e inatas, muitas pessoas as consideram expressões grosseiras e subdesenvolvidas, pouco mais que reflexos ou aspectos de uma "fase oral" que os filhotes logo superarão.

Ao deixar os cães saírem do canil, notei que quase todos tentavam encontrar alguma coisa para morder, para colocar na boca. Uns pegavam suas cobertas, sacudiam-nas, rasgavam-nas ou arrastavam-nas pelo compartimento. Um *dobermann* parecia tão excitado que, não tendo nada para agarrar, começou a correr em círculos até abocanhar uma perna traseira. Tive de entrar no compartimento e livrá-lo de sua própria perna, para ele poder ver que a porta estava aberta. Alguns cães tentaram morder seus vizinhos através das telas de arame que os separavam, embora houvessem permanecido lado a lado, em paz, a noite inteira.

Outros andavam à volta sem parar e, quando abri suas portas, escaparam pela portinhola como partículas arremessadas por uma centrífuga. Tinham a energia: só não sabiam onde aplicá-la. Na outra extremidade do espectro, estavam os cães imóveis, aturdidos e desorientados pela bagunça de tantos companheiros gerando tanta energia. Seus circuitos emocionais haviam recebido carga emocional excessiva e os disjuntores precisaram ser acionados para evitar a queima.

Alguns cães correram para a portinhola e a princípio golpearam-na com o focinho; em seguida, não encontrando nada em que cravar os dentes, começaram a morder e a arranhar a borda inferior com as patas dianteiras, rosnando e ganindo com frustração crescente. Um deles, sempre de olho em mim, atirou-se contra a portinhola dianteira quando me aproximei. Ergui a mão para a corda que pendia ao lado de seu cartão de identificação e ele pressionou o focinho contra os elos de sua corrente, rangendo os dentes.

Percebi então que os cães agressivos não tinham nenhuma intenção de me morder, apesar de que, se eu enfiasse os dedos pela tela, eles sem dúvida me morderiam. Isso, porém, seria o mesmo que introduzir um dedo molhado em uma tomada elétrica: o choque me machucaria, mas não porque os elétrons quisessem me machucar. A energia simplesmente tomava o caminho de menor resistência. Isto é, meu corpo. Nada pessoal.

Eis o dado mais importante que colhi naquela manhã sobre a emoção: emoção é energia e não contém intenção, apenas imediatismo de *atração*. Mais impressionante ainda, como eu viria a descobrir, nessa força de atração estão contidas todas as informações de que um cão precisa – como a força da gravidade atuando sobre uma molécula de água que, infalivelmente, a puxa por milhares de quilômetros através de redemoinhos, comportas, cachoeiras e contracorrentes até o mar.

Nenhum dos cães tinha intenção alguma, ainda que muitos agissem como se alimentassem o desígnio específico de sair e outros parecessem entender o que eu queria deles: "Esperem um pouco, já vou soltá-los". Os cães que forçavam as portinholas com as patas não estavam tentando abri-las para escapar e os outros não permaneciam passivos por serem pacientes. Tudo era função da energia emocional que tentava transitar por seus corpos, com ou sem sucesso, e segundo suas respectivas naturezas. A emoção pretende apenas transitar e transita – como uma corrente de água ou eletricidade se encaminhando para o chão. O "aterramento", que nas atitudes animais é o impulso para ingerir, é o que atrai todos os sentimentos.

Daquele dia em diante, passei a manter um diário onde anotava o que descobria. Vendo esse impulso como uma constante universal ao longo de um vasto espectro de comportamentos, as coisas começaram a se encaixar. O desejo não é um reflexo. A vontade de morder, que é um impulso para digerir, deve ser considerada a semente de todas as emoções e funciona como um mecanismo de orientação, uma estrutura em torno da qual os sentimentos se organizam e à qual qualquer um deles pode ser reduzido. Para um cão, o aterramento emocional, em sua expressão mais rudimentar, ocorre pelo uso das mandíbulas, algo que ele não supera nunca. O desejo simplesmente evolui para formas mais refinadas e sutis (como a sexualidade e a sensualidade), que os donos e os cientistas interpretam de maneira totalmente errônea.

Durante anos, por incontáveis manhãs, tardes e noites, desde que era menino até o dia de hoje, tenho percorrido o corredor central do canil e deixado os cães sair: jamais vi outra coisa senão o caos completo. Naquela ocasião, foi como se um véu caísse da frente de meus olhos e eu pudesse mergulhar até o tecido básico da natureza, até o substrato emocional que animava todos os cães. Naquele momento, soube que nenhuma intenção instiga um cachorro a agir; ele vive no momento presente, sendo suas ações e aprendizado uma função de como as emoções atuam no interior de seu corpo até tomar a forma de um sentimento. Nele, os sentidos não apenas energizam, como também informam. Naquela manhã, dei o primeiro passo de uma longa jornada de descoberta da consciência animal. Compreendi que os cães não têm noção de tempo porque são seres emocionais, seres emocionais *por inteiro*. Eles vão mais pelo sentimento, menos pelo instinto — e nunca pelo raciocínio. Não têm absolutamente nenhuma percepção do tempo e de modo algum conseguem reconhecer o ponto de vista de outra criatura. Só tomam consciência de sua perspectiva emocional do momento e só levam em conta o modo como o mundo encara, no aqui e agora, aquilo que estão sentindo. A emoção é o leque total da consciência de um cachorro, a soma de sua faculdade perceptiva. O fluxo da emoção é o fluxo de consciência do cachorro. Ele não se conscientiza de seus sentimentos; ele *é* seus sentimentos. Para um cão, o momento é eterno, pois ele não faz *ideia* de como e por que as coisas acontecem.

Desde então, comecei a ver os cães sem pensar a respeito do que via. Acomodei meu "eu" mental, minha mente racional, conceitual e cronológica (em termos de causa e efeito) à mente do cão. Aprendi a deixar de lado meu cérebro, com todos os seus filtros mentais, impedindo-o assim de categorizar em modos de pensar habituais e instintivos o que eu estava vendo. Com todos os cães que treinei ou acompanhei — e foram centenas a cada ano —, pus em prática a habilidade de não projetar pensamentos, intenções ou expectativas em nada do que fizessem. As suas ações revelavam-me a equação energética do momento presente naquilo que acontecia diante de meus olhos. Todo ato é emocional e toda emoção começa com a atração, um impulso fisiológico não cognitivo em direção a um objeto que o animal deseja simplesmente porque a sensação de querer esse objeto o faz sentir-se bem.

Mesmo quando um cão vinha me morder, eu percebia que sua intenção não era me machucar, nem me dominar, nem defender a si mesmo ou a seu território: tudo isso são projeções de um conceito humano em um cachorro. Eu conseguia perceber que, por trás de rosnados, ameaças, dentes à mostra e medo, havia algo de positivo em mim que atraía o cão. Ele não tinha nenhum objetivo em mira: apenas se sentia atraído por mim com a força de um desejo que, por algum motivo, fora bloqueado e, consequentemente, o tornara agressivo.

Impossível exagerar neste ponto: toda energia da natureza, sem, obviamente, excluir a emoção, se baseia na atração. A eletricidade flui para o solo, os metais buscam o ímã, a água procura seu próprio nível, a massa atrai a massa, os pares de fótons operam em fase. Se tudo na natureza obedece à lei da atração, como a natureza dos cães seria diferente?

Quando contemplamos um cão à luz do momento atual, por definição, excluímos quaisquer considerações de intenção, razão ou tempo e, também, de relatividade entre coisas, momentos e "eus" individuais. Em suma, eliminamos tudo aquilo que forma os pensamentos humanos. Uma vez rejeitados os pensamentos, o que sobra é energia. Termos como "instinto" e "associações" não têm nenhum significado concreto, são meramente descritivos. Representam, na verdade, pensamentos atribuídos ao que acontece dentro de um animal.

Naquela manhã, enquanto essa torrente de conclusões desabava sobre mim, senti uma profunda e intensa compaixão pela natureza dos cães, que pela primeira vez me era revelada. Um calafrio percorreu minha espinha, parecendo que me levantaria do chão. À minha volta, eu testemunhava uma bela simetria natural enquanto caminhava por um canil cheio de cachorros aparentemente ensandecidos.

CAPÍTULO 7
UM DIA

"Um dia tudo isto aqui será seu", disse meu pai, abrangendo com um largo gesto a paisagem de edifícios e campos que integravam a Universidade Canina.

Por muito tempo, não consegui entender que as atitudes de olhar para uma autoridade e de refletir sobre o futuro brotam do mesmo instinto na mente humana. Não creio que seja coincidência dizermos "Mãe Natureza" e "Pai Tempo". A terra é nosso "solo", o tempo pode nos desarraigar. Eu não tinha um nome para esse instinto, mas sentia-o. Era um estado generalizado de medo, uma incapacidade de me sintonizar plenamente com o momento atual. Quando me sentia deprimido ou assustado, o futuro se tornava um farol de otimismo, uma luz de esperança no horizonte distante. Havia sempre "um dia" em minha cabeça: um dia tudo melhorará, um dia caçarei com os adultos, um dia entrarei para o time de futebol, um dia arranjarei uma namorada. Quando esse dia chegasse, sem dúvida me sentiria muito bem comigo mesmo. Por outro lado, se tudo corria às mil maravilhas, o futuro se insinuava em minha percepção como um mensageiro do fim iminente. O tempo me dava esperança, mas também podia levar tudo embora.

Estava consertando cercas ao calor do meio-dia quando parei para tomar água. Meu pai começou dizendo que o trabalho com cães poderia ser tão compensador para mim quanto fora para ele. Além disso, nenhum dos ricos executivos que nos traziam seus cães tinha um estilo de vida tão livre quanto o nosso. Ele podia fazer o que bem entendesse; não precisava se aposentar para começar a viver.

Nessa época, eu já trabalhava em tempo integral na Universidade Canina há mais ou menos cinco anos. Trabalhei lá a minha vida inteira. O relacionamento entre meu pai e o administrador do canil, Bill (que sucedera a meu tio muito tempo antes), estava ficando cada vez mais difícil. Papai adotara Bill, por assim dizer, e construíra uma casa para a família dele em nossa propriedade. Bill fez cursos noturnos a fim de completar sua educação, leu livros sobre zoologia e periódicos sobre administração animal; quando conversava com os clientes, mantinha longas discussões filosóficas, assim como meu pai fazia. Começou até mesmo a fumar cachimbo, o que por muitos anos foi a marca registrada de papai após deixar o cigarro.

Quando me formei na faculdade, supus que Bill seria o herdeiro do negócio. E, à medida que me envolvia cada vez mais nas atividades, pensei que de algum modo conseguiria abrir caminho para um cargo de responsabilidade, pois papai sempre recompensava alguém levando em conta o mérito. Não me preocupava com o futuro, pois sabia que ele zelava pelos interesses de seus colaboradores. Bill gostava de todos os aspectos do negócio: dirigir os funcionários, comprar suprimentos, controlar a rotina médica, programar retiradas e entregas. Já eu, preferia o trabalho ao ar livre, metido comigo mesmo e teorizando sobre o comportamento dos cães. Porém, afora uma saudação ríspida na porta da frente do canil todas as manhãs, papai e Bill mal se falavam.

Em reuniões familiares, os amigos de papai muitas vezes queriam saber se eu tencionava assumir o negócio algum dia, e essas perguntas sempre me deixavam constrangido. Não estava bem certo do que papai pensava de mim. Não sabia se ele me considerava à altura da tarefa. Eu já tinha idade bastante para avaliar o que papai realizara na vida: determinara o próprio rumo e vencera graças à sua própria iniciativa. Tudo o que nossa família possuía e todo o prestígio de que gozávamos no ramo se devia à sua personalidade dinâmica. Muitas pessoas achavam difícil acreditar que ganhávamos a vida com cães, dada a beleza do lugar. Papai transformara uma série de construções precárias e uma fazenda pequena em um sonho realizado.

Ele sempre insistia que a Universidade Canina era uma empresa; não cuidávamos de cães por prazer. Tudo o que eu fizesse ali devia ser para ganhar dinheiro. A sobrevivência era nosso princípio norteador. Estava certo: logo comecei a importar cães da Alemanha, reconhecendo que essas linhagens seriam o futuro do negócio. Mas eles eram caros e tínhamos de obter lucros rapidamente. Entretanto, eu ainda discordava de meu pai quanto à necessidade de disciplina física para os filhotes; pensava também que, em longo prazo, nossa prática de tentar transformar cães doados ou abandonados em bons companheiros nos deixaria muito para trás no mercado. Meu pai, vendendo um cão que não lhe custara nada, obtinha mais lucro do que eu vendendo por preço muito superior um cão comprado na Alemanha. Eu, porém, sabia que era apenas questão de tempo para que o público ficasse mais exigente. Em dez anos, nenhuma pessoa interessada em pastores-alemães aceitaria raças que não fossem dessa procedência. Nada que meu pai dissesse me faria mudar de ideia.

Na Universidade Canina, normalmente pegávamos cães para treinar e vender do jeito que vinham. Às vezes, um dono não podia ficar com o seu ou ia se mudar e não havia meios de levá-lo. Em outras, um criador de pastores queria nos vender um macho jovem que não considerava bom o bastante para ser exibido. Meu pai examinava o cachorro e o aceitava ou não. Aos poucos, foi pedindo meu parecer sobre suas avaliações.

Se o cão era aceito, nós o escalávamos para treinamento, mas, em geral, esses recém-chegados se revelavam um negócio problemático porque, embora não custassem nada ou quase nada, nunca sabíamos se algum comprador apareceria. Como os cães lucrativos eram os obedientes, eles vinham em primeiro lugar e só treinávamos os doados quando sobrava tempo. Todo cão doado parecia prometer muito, um potencial a ser liberado depois que o cão escapasse aos limites de seu dono. Mas, depois de alojado em nosso canil, raramente progredia e o melhor que podíamos fazer era mantê-lo no peso ideal. Achei que, como vendia rapidamente os cães importados por alto preço, embora a margem de lucro fosse pequena, meu pai logo concordaria em continuarmos nessa direção, mas ainda não conversara com ele a respeito.

Um dia, fui trabalhar e vi que, no fim de semana, papai aceitara um *dobermann* para ser treinado como cão de guarda. Era bonito, notavelmente calmo e fácil de alojar no canil, destacando-se pela obediência e a forma de morder – e eu sabia agora como explorar seu instinto de caçador. Segundo o modelo de papai, se alguém faz o que quer, o resultado é o caos, sendo, portanto, vital ensinar desde filhote o respeito pela autoridade. Mas eu já compreendia que a presa organiza a caçada e a ânsia de cooperar, e que todos os atos de desobediência representam uma "discussão" instintiva entre dono e cachorro sobre como perseguir a presa, embora os homens não vissem a coisa desse modo e, sim, como uma questão de respeito. A verdade é que, se controlarmos o que o cão vê como uma presa, controlaremos com facilidade o próprio cão. Não se tratava de respeito, mas de vontade, de sentimento. Ironicamente, meu pai era um mestre no treinamento de cães de caça. Escondíamos pássaros ou pombos, que havíamos "acalentado", em moitas e soltávamos o cão para que ele os encontrasse. O cão aprendia que, ao se aproximar o bastante da caça, acabaria com o corpo quente, macio e suculento de uma ave na boca. Era um truque, mas verdadeiramente sublime porque, assim agindo, induzíamos o cão a dar crédito humano à sua presa e daí por diante ele desejaria estar sempre perto da caça. Não aplicávamos técnicas de obediência para treinar um perdigueiro; sabíamos onde a presa estava, pois combinávamos com o cão qual presa seria essa, e, antes que ele associasse o condutor com sua chance de pegá-la, conseguíamos perfeita obediência durante a caçada. Jamais ocorria ao cão, mesmo longe do campo, estar em outra parte senão ao lado do condutor.

Durante esse tempo, nunca nos ocorreu que talvez devêssemos fazer o mesmo pelo cão de família comum. O cão doméstico ansiava, mais que tudo no mundo, por um líder de matilha? Se o líder virasse à esquerda quando a presa virava à direita, que rumo tomaria a matilha? Sem dúvida, viraria à direita porque o princípio organizador da vida social canina era a caçada e não a hierarquia de poder. Por que então dizíamos aos clientes que deveriam inspirar respeito pela autoridade desde o início a fim de assumir pleno controle da situação? Não seria melhor definir o que o cachorro percebia como presa para ele aprender facilmente que, se ouvisse o dono, teria seus desejos satisfeitos?

Eu estava prestes a desenvolver um novo modelo. Não controlamos o cão para obrigá-lo a fazer o que queremos; quando faz o que queremos, é o cão que nos controla. O que eu aprendi estudando lobos e cães foi isto: se todos fazem o que mais querem, todos obtêm o que querem mais. O que o cão mais quer é caçar, de sorte que, se o dono estabelecer seu papel como líder da caçada, o cão o seguirá de bom grado – e então todos os motivos que tivermos para desejar companhia, serviço, submissão, tranquilidade, presença pronta para qualquer aventura trepidante ou tarde sossegada em casa decorrerão daí também. O objetivo da sociabilidade não é o companheirismo (ser social para ser social), mas, sim, o trabalho conjunto para alcançar algo que não se alcançaria sozinho.

Finalmente, vendemos o *dobermann* a um rico empreiteiro, mas, dias depois de ter o cão em casa, sua esposa entrou no quarto e deu de cara com o animal em cima da cama, dentes à mostra e olhando-a com ar sombrio, como se lhe desse as boas-vindas às realidades de sua nova matilha.

Meu pai pôs a culpa nos donos e em minhas ideias revolucionárias sobre treinamento. Afirmou que eu fora brando demais ao disciplinar o cão e tímido demais para com aquela gente: deveria ter dito a eles que haviam errado e precisavam ser mais durões. Eu ainda mantinha os pés dos dois lados da fronteira entre o paradigma de treinamento de meu pai e o meu, mas essa foi a primeira vez que não pude ir contra o que achava ser verdadeiro.

Aquele cão tivera licença para subir na cama e depois fora censurado pelos erros cometidos porque gozara de muita liberdade na casa. Estava agora com duas impressões extremamente opostas das pessoas: a afeição total de um lado e a violência absoluta de outro. Projetara, então, esses antigos valores nos novos donos e procurara a cama como um lugar seguro onde poderia se defender da confusão. Foi decepcionante receber telefonemas daquelas pessoas que eu gostaria tanto de ver felizes com um cão treinado por mim. No temperamento deste, porém, havia uma lacuna enorme que eu ainda não sabia como preencher. Ele me convenceu de que simplesmente seguir nossas ideias de liderança não responde à questão principal da natureza de um cachorro. Eu fui ludibriado pelos instintos da matilha. Por ser muito "amistoso", não consegui perceber que aquela era a sua defesa.

Essa foi a primeira vez que decidi enfrentar meu pai e dizer-lhe que não mais faria as coisas do seu jeito. Insisti que, caso tivesse de trabalhar com cães para integrá-los em suas novas famílias, no futuro só escolheríamos os que haviam sido criados com essa finalidade e não por donos incompetentes, que depois ficavam ansiosos para se livrar da criatura que arruinaram. Eu estava farto de reciclar cachorros problemáticos que, em alguns casos, precisavam ser sacrificados.

Para meu espanto, papai concordou. Fizemos um acordo que, a partir de então, eu me encarregaria das vendas e do treinamento dos cães, mas não receberia salário. Continuaria administrando o canil como antes, supervisionando o alojamento, recolhendo e entregando cães em Nova York, e alugando outros para serviços de segurança; teria em troca uma parcela das vendas e dos preços cobrados pelo treinamento. Pouco depois, ele mandou imprimir cartões com meu nome e minha função de administrador. Pela primeira vez, eu tinha voz ativa no negócio.

Curiosamente, pelos meses seguintes, não houve chamadas para treinamento. Como eu nunca ficava perto de um telefone e estávamos em pleno inverno, não sabia o que fazer. Não disse nada. Mantive minha parte do acordo e passei a viver com o pouco dinheiro que juntara. Aprendera com o exemplo de meu pai que ir em frente exige autossacrifício e me preparara para cumprir meu dever. Na primavera, as coisas começaram a melhorar e, antes que a estação conturbada do verão chegasse, resolvi tirar férias.

Fiquei fora dez dias e, ao voltar, encontrei o silêncio. Tinha sido a primeira vez que viajara de avião e nada menos que para o exótico Caribe; no entanto, minha mãe e meu pai não me fizeram uma pergunta sequer sobre o passeio. Só um cumprimento seco de manhã e nenhuma brincadeira. A partir de então, o mínimo desvio da rotina assumia proporções enormes e questões sem importância se transformavam em sérios desentendimentos. De vez em quando, nos sentávamos para apresentar nossas queixas, mas prosseguíamos com o acordo sem mudar nada.

Muitas vezes, antes do fim, postei-me diante do canil perguntando-me quem estaria errado, meu pai ou eu. Instalara um pequeno parque de treinamento aos fundos, em uma área deserta do bosque onde velhos aparelhos e trechos de cerca enferrujavam.

Ali eu colocava meus pastores importados, que passavam a tarde esperando sua vez de caminhar ou trabalhar comigo. Quando eu chegava, eles saíam dos abrigos, espreguiçavam-se e ficavam excitados com a minha presença; em seguida, acomodavam-se e logo começavam a cochilar, mesmo debaixo de chuva. Observá-los ocupando seu lugar e muito contentes não importasse o tempo, a água escorrendo pelas costas e uma orelha sempre apontada em minha direção, fazia-me sentir forte. Estavam no centro do único universo que lhes interessava e não queriam mais nada. Foi a primeira vez que me senti tranquilo junto com cães.

Não sabia o que fazer. Sempre que analisava minha situação, o bom senso me aconselhava a permanecer na Universidade Canina, aceitar o jogo, fazer as pazes com papai, pôr fim às discussões e suportar as brigas e o mau humor ocasionais, pois, no fim, tudo acabava entrando em uma rotina familiar e segura. Papai agora passava quase metade do ano afastado do negócio, em caçadas e pescarias; por que, então, eu não permanecia ali mesmo e, aos poucos, implantava os novos métodos? Cedo ou tarde, eu ficaria no lugar dele e faria o que quisesse. Sem dúvida, papai me dera razão e se sentia grato quando eu lhe confessava o quanto ele significara para meu sucesso. Meu sonho parecia bem próximo, meu "um dia" estava quase chegando.

Então, em junho de 1981, papai se ausentou para um fim de semana prolongado e voltou com uma ninhada de pastores-alemães, que comprara em uma exposição, na carroceria de sua caminhonete. Eram esguios, leves, com pelos macios e suaves, como seus temperamentos. Papai disse que iria treiná-los, vendê-los, entregaria uma das fêmeas a Rommel e eu nada poderia fazer a respeito. Dei-lhe o aviso prévio de duas semanas. Ele permaneceu em silêncio.

Quinze dias depois, comecei a pôr minha bagagem no carro. Jäger, um filhote que eu vinha criando na esperança de que se revelasse um bom cão, correra para o lago e vi papai saindo do edifício principal em minha direção. Eu já me despedira, por isso me perguntei o que mais ele poderia querer. Sem dúvida, papai sabia que eu estava decidido a ir embora – e como faria sem mim? Talvez mamãe tivesse colocado um pouco de juízo em sua cabeça. Talvez houvesse resolvido me dar mais seis meses para eu provar que podia ganhar dinheiro importando cachorros da Alemanha.

Logo estávamos discutindo de novo sobre quem tinha razão, ele ou eu. Ele era o mais rico treinador de cães dos Estados unidos. A Universidade Canina era perfeita: para que mudar?

Não havia mais nada a dizer e então chamei Jäger. Eu não tinha habilidades profissionais a oferecer no mercado, não tinha muito dinheiro e nenhum lugar para onde ir naquele mundo dos cães, mas, mesmo assim, Jäger atendeu ao meu chamado sem a mínima hesitação. Era apenas um cachorro e me seguiria simplesmente porque parecia a coisa certa a fazer. Jäger entrou no carro e partimos.

Dos meus catorze anos até os vinte e seis, meu pai e eu caçávamos juntos. Aquela era a única ocasião em que me sentia livre ao seu lado. Se eu me saía bem, ele também se saía. A caçada forjara um laço que nos ligava pelo resto do ano. Mas, quando me tornei administrador do canil e assumi a maioria das responsabilidades do negócio, sem mais caçadas em grupo, só o que nos restou foi uma matilha. E, em uma matilha, nunca há o suficiente para todos.

CAPÍTULO 8

O MILAGRE APÓS O NASCIMENTO

Meu pai montou um negócio de um milhão de dólares a partir de um conjunto de celeiros e anexos quase em ruínas. De certo modo, sua postura era correta: a fórmula de sucesso que adotara tinha funcionado até o momento. Mas eu também estava certo. Hoje, ninguém mais fala, no mundo dos cães, de John Behan ou da Universidade Canina, um dos empreendimentos pioneiros do ramo na América.

Entretanto, eu saíra do passado sem ter entrado plenamente no futuro. Seis meses depois minha esposa, Agi, ficou grávida de nosso primeiro filho. Eu não tinha clientes nem negócios e Johannes, meu novo contato na Alemanha, me enviaria sete pastores-alemães. Esses cães seriam o ponto de partida para meu programa de criação sob o signo do canil de meu pai. Teriam de viver em nosso porão, com o cachorro e os dois gatos de Agi sobre suas cabeças em um bairro residencial tranquilo, onde o silêncio era de ouro. O amor, como se diz, é cego — eu esperava que fosse surdo também. Não é.

Na noite em que os cães chegaram ao Aeroporto JFK, em Nova York, tive de esperar muito tempo na alfândega e só cheguei em casa às três da manhã. A carroceria de minha caminhonete vinha cheia de cães exuberantes de energia, em engradados cobertos por uma lona. A ideia de mantê-los quietos no porão me parecia inviável. A noite estava tão silenciosa que permaneci por vinte minutos sentado ao volante, sem coragem para alojar os cães em um ambiente que eles desconheciam por completo. Mas, não sei como, foi o que fiz, sem, aparentemente, despertar a vizinhança toda.

Os dias que se seguiram foram ocupados por um longo programa de combate ao barulho. Da manhã à noite, eu transitava com os cães entre um cercado que improvisara do lado de fora e umas baias que construíra no porão. Era tarefa de tempo integral: exercitá-los e mantê-los quietos. De manhã, o mínimo estalido no assoalho em cima, quando eu descia da cama, provocava embaixo uma erupção vulcânica de cachorros superexcitados emitindo não sei quantos decibéis.

Ao nascer do dia, a perspectiva desse primeiro passo me deixava angustiado. Totalmente desperto, esperando a hora para me levantar, podia refletir tranquilo sobre a encrenca em que me metera. A perspectiva de me tornar um treinador de cães ambulante, indo de porta em porta com minha velha caminhonete, lembrava-me o meu tio Bill – ele também trabalhara na Universidade Canina e saíra para se virar por conta própria, mergulhando no esquecimento. A ansiedade das primeiras semanas após deixar a empresa de meu pai já se fora. Eu não era empreendedor como ele. Jamais quisera ser meu próprio patrão. Trabalhar sozinho me dava a sensação de estar flutuando para longe da superfície da Terra.

Algumas consultas começaram a pingar aqui e ali, e, às vezes, um cliente potencial perguntava se eu tinha algo a ver com o famoso treinador de cães John Behan, o que sempre me aborrecia. "Sim", era a resposta, "ele é meu pai, mas faço tudo diferente". Odiava dizer isso e talvez nem fosse o que o cliente desejasse ouvir, mas alguma coisa tinha de ser dita.

Por fim, minha rotina se estabilizou, de modo que não havia mais cães latindo quando os vizinhos saíam para o quintal ou quando nosso gato Reuben subia e descia de sua árvore, miando com medo de cachorros. Mas visitantes inesperados provocavam um alvoroço que provavelmente apareceria bem alto em uma escala sísmica. De súbito, quando eu já resolvera o problema do vaivém dos cães, minha rotina se viu ameaçada de mergulhar no caos. Entre os cães vindos da Alemanha estava Mona, uma fêmea de alto nível que fora emprenhada um mês antes de embarcar. Mona daria cria a qualquer momento e, embora tempos atrás a perspectiva de filhotes fizesse o futuro parecer brilhante, agora significava apenas que logo eu teria duas vezes mais cachorros para alimentar e manter quietos. Haveria duas, três, dez coisas que os instigariam a ladrar.

Na noite em que Mona estava pronta, esperei com ela no canto do porão onde instalara a "maternidade". À medida que cada filhote ia nascendo, eu observava cuidadosamente Mona devorar a placenta e o cordão umbilical, para depois lamber, embalar e cutucar a cria até ela ganir. Não era sua primeira ninhada, mas eu a vigiava de perto porque uma mãe estressada às vezes mata e come seus filhotes. Depois que os dois primeiros saíram, tranquilizei-me; Mona sabia se conter.

No decorrer da noite, o berço dos filhotes foi se enchendo à média de um por hora. Toda vez que Mona se inteiriçava por causa das contrações, os pequenos que estavam dormindo retomavam seu torvelinho de gritos e balbúrdia. Quando o recém-nascido já estava no chão, bem seco, tudo voltava ao normal, com os filhotes – agora acompanhados de mais um – de novo aconchegados ao ventre morno da mãe.

Eu tinha uma ampola de hormônio Pitocin para o caso de as contrações de Mona enfraquecerem, um monte de toalhas secas e bastante tempo para pensar sobre minha situação. Não era nada no mercado dos cães. Fora desligado da reputação, do prestígio e dos anos de contatos que a Universidade Canina me proporcionara. Será que alguém ia querer um daqueles filhotes? Deveria eu tentar apenas encontrar uma casa adequada para eles? Como conseguiria alimentar tantas bocas?

Então, já quase no fim da noite, comecei a entender que algo muito mais milagroso que a nova vida augurada por aqueles recém-nascidos se desdobrava à minha frente.

Durante os últimos anos, eu vinha tentando articular o que sentia a respeito dos cães para além da ideia de que todos os seus atos dependiam da atração no momento atual. O que eu sabia estava tão arraigado em minha mente, em meu inconsciente mais profundo, que não conseguia vertê-lo em palavras. Era como se tivesse o título de uma música na ponta da língua e só uma ligeira reminiscência da melodia, que não bastava para trazê-la à percepção consciente. Aquilo vivia dentro de mim, como manancial fortuito de inspiração... e fonte inesgotável de frustração. Desde que deixara a Universidade Canina, passei a sonhar o tempo todo com cães, alces, lobos... Comecei a redigir um diário porque sabia existir nesses sonhos alguma coisa a aprender.

Em um deles, um velho pastor trajando um longo casaco de couro escuro, que parecia ter vindo das estepes eurasianas para meu quintal, me falava sobre um incidente ocorrido com meu cão na véspera. Eu estava no quintal com Jäger, meu jovem pastor-alemão, quando o vi pelo canto do olho saltar e correr para os bosques a toda velocidade, provavelmente atrás de um alce. Quando já se encontrava uns poucos metros dentro da mata, mas ainda não fora de vista, chamei-o pelo nome. Parou imediatamente a cerca de cem metros e olhou diretamente para mim. Gritei de novo "Jäger!" e depois com mais ênfase "*Venha cá!*". Mas, em vez de vir como eu insistia, correu para minha esposa, que estava lendo sentada em uma espreguiçadeira na varanda da casa, e saltou em seu colo. Fiquei surpreso, pois esperara que viesse diretamente para mim, uma vez que tão rápida e aparentemente de boa vontade interrompera a corrida quando gritei seu nome. Fiquei sem saber o que fazer, já que aquilo não parecia bem um ato de desobediência, e não fiz nada, na esperança de compreender tudo depois.

À noite, meu sonho repetiu a mesma sequência de eventos, embora dessa vez com a inescrutável lógica dos sonhos: o velho pastor Justin, de minha esposa, ocupou o lugar de Jäger. Justin correu para o bosque, gritei seu nome e, como Jäger, ele parou imediatamente, virando-se para mim. Nesse momento, o velho de casaco de couro se adiantou com a palma estendida em minha direção para indicar que eu não deveria dizer nada. Falou: "*Não acha que ele já aprendeu demais?*".

De fato, que outra coisa eu poderia querer? Jäger havia parado imediatamente, então por que eu não o elogiei ou, melhor ainda, não me aproximei em vez de me afastar? Já sabia que só há dois valores emocionais: predador e presa. Portanto, como Jäger tinha em seu sistema vinte mil volts de energia de presa, eu estava lhe dando um problema que ele não podia solucionar. A meu ver, respondera obedientemente à menção de seu nome, mas, na verdade, eu apenas paralisara seu instinto de presa, uma vez que ele era jovem e minha voz de comando podia projetar uma intensa energia predatória. Jäger não ouviu seu nome nem respondeu à minha ordem do jeito que minha mente moral e intelectual gostaria de elaborar o evento: ele fora apenas interrompido. Mas conservava ainda, represados, os vinte mil volts da energia que aplicaria na perseguição do alce. Era como um carro com o motor a quatro mil RPM e o freio puxado. Então, o que Jäger viu quando olhou em minha direção? Darth Vader. Não sabia que era eu, o bom e velho Kevin; em sua mente, olhava para um homem enfurecido, que esbravejava com ele porque não podia absorver duzentos mil volts de sua energia de presa – e vinte mil volts de energia não aterrada são um perigo. Por isso, saltou no colo de Agi em busca de segurança: "*Não acha que ele já aprendeu demais?*".

Agora, é claro, o incidente todo fazia sentido para mim. Jäger não podia *me* ver porque não englobava a mim e ao alce no mesmo sentimento. Se eu houvesse me limitado a fugir, ele voaria em minha direção com duzentos mil volts de energia de presa porque eu lhe teria revelado meu aspecto de presa e não de predador – e isso poderia absorver e conduzir duzentos mil volts de energia. Eu absorveria essa energia, possibilitando-lhe um meio de movimentar-se. Era tudo o que o cachorro precisava aprender na situação; a ordem e o pedido poderiam vir depois.

Aquelas poucas palavras modificaram completamente meu modo de treinar cães. Tentar controlar um cachorro sem entender que ele precisa trocar estados de energia para mudar de rumo é o mesmo que tentar virar um carro a cento e vinte quilômetros por hora sem levar em conta seu impulso para diante. O carro capotará e se espatifará. Eu estava tendo um vislumbre dos mistérios ocultos da natureza para além do véu de minhas limitações mentais. Resolvi deixar de seguir meus pensamentos e procurar sempre compreender o sentimento do cão.

Essa talvez tenha sido a primeira vez que pensei na emoção como uma equação explícita de energia e na mente animal como um sistema energético. Pelos dias e semanas seguintes, sempre que via um cão fazendo alguma coisa, tentava encontrar um correlato energético na física; e as perguntas se multiplicaram. Até o momento do sonho eu pensava que estava atento, mas agora, vendo os cães sob essa nova luz, sentia-me realmente confuso.

Certa manhã, algumas semanas depois do sonho, quando ainda no estado de lucidez que se segue ao despertar, ocorreu-me de súbito a "resposta". Tudo se encaixava e eu mal podia esperar para registrar a descoberta em meu diário. Mas tão logo me sentei na cama e estendi a mão para apanhar um lápis no criado-mudo, ela se desvaneceu. Achei que, com certeza, reapareceria depois que me vestisse e começasse a trabalhar – mas os dias se passaram e ela não reaparecia.

Passados vários meses, lá estava eu em plena noite observando Mona dar cria. Ela se mostrou uma mãe perfeita. Ao nascer do sol, ajudei-a a secar o último filhote e, quando depositei seu corpinho delicado junto ao ventre materno, aquelas palavras perdidas voltaram à minha mente. O que eu tanto me esforçara para articular finalmente brotou de meus lábios. Estava completamente desperto e poderia dizer aquilo em voz alta.

Na hora de nascer, o filhote é expelido do reino tépido e imponderável do útero. Pelos primeiros dez dias de vida, seus olhos e ouvidos ficam selados. Ele vive em um mundo desprovido de sons e imagens; só conhece o olfato e o tato. Os filhotes não conseguem regular sua temperatura corporal e nem mesmo excretar sem o estímulo da língua da mãe. Imersos nesse aconchego universal, ninhada e mãe formam um estranho corpo compacto aquecido pela pressão e a fricção. Qualquer impulso ou distúrbio suscita inquietude no grupo, agitando o filhote e arrancando-o do conforto e da tepidez, estourando a bolha de sono na qual ele flutua. Aflito e cego, é impelido para uma fonte invisível sempre à frente. Arranhando, lutando contra a força gravitacional, sua energia concentrada nas patas da frente e as de trás puxadas como um peso morto, o filhote se adianta, indefeso, nas garras da gravidade. Cai várias vezes, sempre buscando uma fonte que não detecta e que nem por isso deixa de buscar.

O ritmo da respiração, as batidas do coração e o fluxo de leite quente geram uma sensação de vínculo – semelhante à imponderabilidade – que se enraíza profundamente em cada filhote, um cordão umbilical invisível que os liga firmemente e para sempre.

Toda vez que a mãe se mexe ou se levanta, o equilíbrio é rompido, as águas são agitadas, o cordão é cortado e os filhotes passam pela difícil experiência de nascer de novo. São como que postos de lado e divididos em dois. Choram desamparados, mas a mãe acode, lambe-os e limpa seus corpos, envolve-os até que se tornem um todo novamente, a dor profunda eliminada pelo fluxo de calor. Sempre que os filhotes se deitam um ao lado do outro olhando na mesma direção para o mesmo objeto lúdico, um mamilo em suas bocas, o mesmo fluxo de energia cálida acalma a dor nas entranhas de cada um.

Durante os dez dias seguintes, ligação e rompimento ocorrem centenas e centenas de vezes.

Os filhotes não se distinguem um do outro e suas ondas cerebrais não revelam nenhum aprendizado superior. Parecem informes. Os especialistas afirmam que esse período de dez dias é uma fase de latência durante a qual o sistema nervoso se organiza sozinho, enquanto o corpo físico consolida sua apreensão do mundo. Em seguida, já conscientes do mundo exterior, o aprendizado começaria. Mas não é bem assim.

Os aspectos neurológicos, fisiológicos e anatômicos se interpenetram, enredando-se na faculdade superior da inteligência de uma mente grupal. Daqui por diante, eles reagirão à mudança como se fossem eletroímãs que podemos ver se desdobrar e se recompor passo a passo toda vez que dois cachorros se encontram: primeiro, farejando-se um ao outro e depois, com o tempo, alinhando-se ao longo de um eixo comum, seja ele um objeto, uma brincadeira ou simplesmente um trabalho.

Agora eu conhecia o princípio fundamental e unificador; não mais veria a mãe e seus filhotes como sete indivíduos separados. Passei a considerá-los um organismo vivo, um "ser". Havia um norte, um sul, um leste e um oeste, dois eixos com uma corrente de energia fluindo por cada qual e todos alinhados dentro desse campo. Quando eu via dois cães, via uma inteligência atuando em dois corpos para criar um ser. Por fim, mais surpreendente ainda, notei o mesmo fenômeno na relação entre o cão e seu dono.

O objeto de qualquer comportamento, não importa a ação e não importa a espécie, é voltar ao estado de imponderabilidade do qual todos os animais, mesmo os pássaros, são expelidos ao nascer. E, no corpo, só existe um órgão onde a experiência da imponderabilidade se concentra, podendo ser sentida, e a serviço do qual todos os aspectos anatômicos, fisiológicos e neurológicos evoluem: esse órgão é o coração.

PARTE III

Como os cães funcionam

CAPÍTULO 9

A NATUREZA É UM ESPELHO

Depois que deixei a Universidade Canina, um homem que me comprara um cachorro soube que eu estava trabalhando por conta própria e se ofereceu para financiar meu canil, ao qual dei o nome de "Artes Caninas". Morávamos em um apartamento que ficava sobre as instalações e uma das primeiras coisas que fiz como único proprietário foi colocar duas estátuas de cães, que meus filhos chamaram de Sparky e Lassie, na entrada do escritório.

Imaginei que funcionariam como um gesto de boas-vindas para os donos e seus bichos de estimação; mas, no caso de alguns cachorros, uma entrada inocente pode se transformar nos portais do apocalipse guardados por dragões lançando fogo pelas ventas. Quando alguns viam as estátuas, seus pelos se eriçavam, rosnados subiam de suas entranhas e eles começavam a ladrar furiosamente, com quatro passos para trás a cada passo hesitante para a frente. Nunca retirei as estátuas porque funcionavam como uma maneira de conhecer imediatamente cada cão que chegava ao canil. Sempre achei fascinante a maneira como um cachorro podia projetar vida – e, quando ele era sensível, uma vida muito ameaçadora – naquelas formas inertes de cimento.

Tendo sido criado no negócio de cães, eu não esperava encontrar nada de mágico em sua natureza. O significado deles para mim era trabalho, para não falar em desastres ecológicos dentro de casa. Não havia muita coisa de fascinante em tratar, alimentar, limpar ou mesmo treinar seguindo a velha abordagem, que era basicamente um conflito de vontades. Jamais me ocorrera pensar em um cão em termos de companheirismo. Se, criança ou adolescente, eu ficava chateado, não havia sentido em ir até o canil, pois isso só irritaria meus ouvidos. Mas era sempre agradável entrar no estábulo e acariciar os cavalos enquanto eles mastigavam gostosamente seu feno. Nada melhor que o grande focinho quente do cavalo esfregando meu rosto na baia e procurando uma cenoura no bolso de minha jaqueta. Em dias de tempestade, eu corria ao estábulo para ver como estavam os cavalos. Pode-se apenas *ficar* com eles; não se excitam, não tentam pular em cima de nós, latir em nosso rosto, enrolar-se em nossas pernas. O cavalo era mais ou menos como eu, sempre observando o que se passava, sempre tentando entender as coisas, sempre em guarda.

Além disso, como meu trabalho significava treinar cachorros para proteção, desenvolvi certa simpatia por aqueles que em nosso negócio são conhecidos como "durões". Eles fazem os treinadores parecer ótimos. São resistentes à pressão, autoconfiantes e persistem mesmo quando se exige deles algo que um cão normal não poderia suportar. Nos círculos de treinamento, se um cachorro se mostra durão, isso é visto como um reflexo do dono. O que também me atraía para os cães durões era o fato de serem tão mal compreendidos. Aos olhos do público, eles geralmente passam por cachorros perversos, pois constituem a maioria dos que acabam sujeitos à eutanásia em virtude da agressividade.

No entanto, vendo os cães em termos do momento atual, eu reconhecia que os durões encontravam elementos positivos em algumas situações por causa de sua natureza robusta, enquanto os sensíveis se prendiam a elementos negativos. Os dois tipos olhavam por lentes diferentes devido à constituição de cada um e isso pressupunha um relacionamento interno com o desejo, que para mim não passava de energia. Os cães mais fortes eram assim porque viam o que queriam ver, ao passo que os sensíveis eram dessa maneira porque viam o que *precisava* ser visto. O desejo robustece, a necessidade enerva.

Por exemplo, quando criança, meu maior desejo era caçar alces com meu pai e os outros homens. Quando finalmente alcancei idade suficiente para acompanhá-los, passei a ver alces em toda a parte, mesmo onde eles não estavam. Sentado no posto de observação ao crepúsculo, era incrível como uma moita baixa, na orla de uma campina, se transformava à luz difusa em um alce que levantava e abaixava a cabeça, abrindo caminho para o campo aberto, onde iria pastar. Não podia crer em meus olhos quando o binóculo revelava que aquilo era apenas uma moita, a mesma moita que eu estivera observando a tarde inteira. Fato interessante: essa alucinação visual não me atrapalhava em nada, pois eu era sempre o primeiro a ver um alce real. Percebia sua forma camuflada entre os arbustos quando caçadores mais experientes passavam por ela sem ver coisa alguma. Eu simplesmente queria ver alces mais do que eles – e via. Mesmo hoje, dirigindo pelas estradas, consigo perceber alces por trás de moitas e nos bosques com minha visão periférica.

A natureza não é casual; é organizada. Em minha opinião, ela se organiza segundo os mesmos princípios que estruturam a consciência, isto é, princípios de energia. Destes, o principal talvez seja o da condutividade. A energia escolhe o caminho de menor resistência, de um lugar ou polo de alta concentração para um de baixa concentração.

Chamo o polo "alto" de "aspecto do predador" e o polo "baixo" de "aspecto da presa". A emoção só pode transitar do polo do predador para o polo da presa, assim como a água desce pela encosta ou a eletricidade busca o solo: o predador tem energia para dar e a presa tem capacidade para absorvê-la. Todo ser vivo é composto de ambos; o polo do predador são os olhos e o da presa é qualquer coisa associada ao corpo – carne, sangue, suor, saliva, urina, fezes, secreções de todos os tipos e mesmo o movimento físico ou a forma corporal curvilínea. Os seres humanos são, sobretudo, predadores com um ligeiro aspecto de presa, ao passo que, proporcionalmente falando, um rato é uma presa com um ligeiro aspecto de predador.

Na universidade, ao ler um texto de biologia, encontrei a noção de "pequeno cérebro nas entranhas" ou sistema nervoso entérico, conhecido também como cérebro emocional. Foi identificado no final do século XIX e é dotado de neurônios tanto sensoriais quanto motores; essa região contém metade dos neurônios do corpo, além de um leque muito amplo de neurotransmissores, hormônios e receptores opioides. Segundo a Dra. Jackie Wood, fisiologista da Universidade Estadual de Ohio, "o cérebro entérico também consegue aprender, lembrar e gerar sentimento baseado na emoção". O pequeno cérebro nas entranhas se desenvolve a partir do mesmo tecido embrionário que forma o cérebro no crânio e os dois estão ligados pelo grande nervo vago. Detalhe intrigante é que há uma taxa de transferência de dados de nove para um das entranhas para o cérebro, mas o contrário não acontece. Em *The Second Brain* [O Segundo Cérebro], o Dr. Michael Gershen, professor do Centro Médico Presbiteriano-Colúmbia, de Nova York, diz: "Em 1899, estudando cães, os anatomistas descobriram que, ao contrário de qualquer outro reflexo, o fluxo contínuo de matéria pelo sistema digestivo prossegue depois que os nervos de ligação entre o cérebro e os intestinos são seccionados. Ou seja, eles descobriram que *os intestinos têm uma mente própria*" (grifo meu).

Tradicionalmente, a função atribuída a esse segundo cérebro é facilitar os processos básicos da vida e as respostas primárias às situações externas, como o reflexo de lutar ou fugir. Mas eu acredito que o cérebro nas entranhas seja a sede da experiência de "aterramento" emocional, obedecendo ao princípio da condutividade das emoções. Em outras palavras, se o animal detecta um aspecto de presa que o atrai, sente que o aterramento foi feito e que é seguro atacar. Se seu parceiro na interação puder fazer o mesmo, agirão juntos e um projetará o princípio da condutividade emocional no outro, resultando daí, inevitavelmente, o comportamento social. Chamo o pequeno cérebro de cérebro social, embora o "Grande Cérebro" em nossas cabeças tradicionalmente fique com todo o crédito por essa façanha.

Para a Dra. Jill Amon-Wexler, o pequeno cérebro "digere nossas realidades internas e externas". Digo, pois, que um cão sente se os músculos lisos de seus intestinos estão relaxados e no ritmo certo ou tensos e/ou espasmódicos. Essa distinção constitui a base fisiológica para a sensação de se ter obtido fisicamente o aterramento e de se estar, portanto, seguro – ou então desconectado e, portanto, em perigo. Aqui, não se trata de compreensão mental; trata-se de saber se os intestinos do animal podem "digerir" o que seu Grande Cérebro produz a partir dos dados sensoriais que constantemente o bombardeiam. Assim, a função mais importante dos intestinos é aplainar os picos de produção neuroquímica estático-elétrica do Grande Cérebro, provocados pela estimulação sensorial. Essa função de onda é uma corrente de conexão entre os dois cérebros, que observamos em uma cauda se agitando alegremente ou em uma linguagem corporal enfática.

A extremidade dianteira do cão não está conectada à sua extremidade traseira por intermédio de alguma forma mental de compreensão. Quer dizer, um cão só pode sentir plenamente seu corpo se suas entranhas estiverem funcionando bem – e, para tanto, ele precisa se sentir "aterrado", ou seja, perceber a presa naquilo que o atrai. Se não for assim, o objeto de atração o fará sentir-se desligado de seu "eu", de seu próprio corpo.

A interação entre os cérebros grande e pequeno explica por que os cães possuem um trato digestivo tão incrivelmente carregado de emoção. Certa vez, alojei um cachorro muito sensível; já no canil, ele recuou para o fundo da baia, enroscou-se até formar uma bola de pelos e começou a babar copiosamente. Minutos depois, voltei para ver como ele estava e encontrei-o de pé em uma poça de sangue muito vermelho e brilhante. Supondo que fosse uma hemorragia, envolvi-o em um cobertor e corri para o veterinário. Para meu espanto, este disse que eu não precisava me preocupar; aquilo era uma típica resposta canina ao estresse. Explicou que um cão pode dilatar completamente seu revestimento intestinal e expelir sangue puro como uma forma de purgar toxinas ou de reagir a pressões. O cachorro não conseguira "digerir" todos os estímulos sensórios da bagunça do canil e estava pondo para fora a intensa energia nervosa do Grande Cérebro graças a um mecanismo fisiológico primitivo. Não se sentia "aterrado", ou seja, sem chão, e por isso ficara paralisado de medo como se estivesse à beira de um precipício temendo dar mais um passo. É por isso também que muitos cães se sentem enjoados quando viajam de carro pela primeira vez. Não conseguem absorver, balançando no veículo em movimento e com o chão fugindo por baixo deles, a enorme quantidade de cheiros e imagens à sua volta. Então seu corpo expele, da maneira mais rudimentar e eficaz, aquilo que não consegue conter, tal como se houvesse comido algo indigesto: babando e vomitando.

Todo mamífero tem dois cérebros e a conexão cérebro-entranhas se manifesta neles de maneira mais vívida pelo reflexo de sucção. Sempre que o cérebro de um bebê é estimulado, torna-se necessário amamentá-lo. O leite quente, descendo pelo corpo, aterra a corrente elétrica do cérebro e elimina o estímulo "perturbador". Convém não esquecer: a chegada do alimento às entranhas não melhora instantaneamente a condição metabólica do indivíduo. Se ele está cansado ou fraco, o alimento precisa ser digerido e encaminhado às células pela corrente sanguínea, a fim de que o déficit energético seja compensado. Entretanto, um mamilo na boca, o fluxo de leite quente para os intestinos ou o gosto de um bife suculento satisfazem prontamente o organismo faminto. Portanto, existe um mecanismo fisiológico que ao mesmo tempo gera a sensação de fome e possibilita o estado de saciedade, mecanismo, porém, só indiretamente relacionado à compensação da deficiência nutricional. Eis aí a dinâmica da condutividade emocional.

Creio que a conexão cérebro-entranhas evoluiu a serviço de um sistema operacional alheio às exigências nutricionais do organismo, embora atenda a elas como *função subsidiária*. Em meu modo de ver, fisiologia e neurobiologia estão organizadas para secundar um sistema operacional que indiretamente soluciona os problemas que os biólogos evolucionistas e comportamentalistas consideram fundamentais, mas não são.

Pela minha proposta, a conexão cérebro-entranhas baseada em uma constituição de dois cérebros é um padrão fractal repetitivo dependente do princípio da condutividade emocional. Isso funciona o tempo todo, de sorte que até os conceitos humanos abstratos pressupõem o mesmo esquema. O Grande Cérebro se ocupa sobretudo do equilíbrio, ou seja, do componente de sintonização de um sentimento. O pequeno cérebro se concentra mais na ingestão, ou seja, no componente de *feedback* de um sentimento. Se a intensidade da energia do Grande Cérebro pode ser amenizada pelo pequeno cérebro, dizemos que o objeto de nosso interesse é *certo*. Em outras palavras, ingerimos esse objeto pelo circuito da fome e permanecemos em condições de lidar com aquilo que estamos fazendo. Se afluírem mais coisas do que podemos ingerir e digerir, então o mecanismo de equilíbrio entra em ação porque a condutividade cessou e isso desliga a mente como se ela fosse um circuito de energia composto pelos dois cérebros. O indivíduo se sente sem chão; a terra é percebida como algo esquivo, que literalmente foge de seus pés.

O que torna as coisas complexas condutivas ou não condutivas é o fato de terem ou não movimentos rítmicos. A energia nervosa no Grande Cérebro é uma espécie de eletricidade estática aterrada no pequeno, que depois a transforma em um sentimento de adequação ao ambiente. Também por isso certas raças caçam certos tipos de presa, o que resulta nas diferentes disposições sociais e conjuntos de traços de cada uma. Por meio da evolução, uma raça de cães se sintoniza com a frequência específica de luta ou fuga da presa (chamo a isso "limiar da presa"); são as entranhas que estabelecem a "vibração" particular do sistema nervoso da raça. Cães "durões" são os mais "aterrados", pois é necessário um alto grau de aterramento para lidar com presas grandes, cujo impulso de luta é forte, tendo o predador de usar muita energia para acionar nelas a reação de fuga. Já os cães criados para caçar pequenas presas, principalmente as que o caçador humano abaterá, precisam ser os mais levemente "aterrados", mas "aterrados" ainda assim, pois terão de se sintonizar com vibrações intensas como o bater de asas e a tensão de um pássaro prestes a levantar voo. Eles se tornam então os cães mais "amistosos", mais sociáveis.

Dependendo das circunstâncias, qualquer cão pode, potencialmente, manifestar todos os graus de aterramento que geram um amplo leque de personalidades e atitudes. Do mesmo modo, qualquer ninhada manifesta o mesmo espectro de diversidade que percorre o genoma canino. Todo cão possui o código energético completo. Porém, seu temperamento o orienta para uma polaridade específica dentro do grupo ou para um ponto específico no círculo da mente, uma configuração padrão. Um cachorro pode mudar de polaridade, mas tem sua preferência, que é geneticamente transmissível.

A caminho de meu canil, passando pelas gárgulas Lassie e Sparky, os cães sensíveis ficavam nervosos porque aquelas estátuas imóveis rompiam seu aterramento. Eram literalmente divididos em dois, o Grande Cérebro desligado do pequeno, e atribuíam isso a um aspecto predatório das estátuas. Estas, é claro, pareciam cães, de modo que a princípio os cães de verdade projetavam emoção nelas; as estátuas, contudo, continuavam imóveis e não conduziam a emoção, que voltava para o cachorro à sua frente. As estátuas não se mexiam nem vibravam. De fato, praticamente todo cão, não importava seu temperamento, emitia um breve rosnado a princípio; havia um instante de hesitação e os pelos ameaçavam eriçar-se quando se aproximavam da estátua. Porém, depois de receber uma dose de aterramento, fosse ela o cheiro do cimento ou da urina de outros cães que borrifava a calçada e as árvores vizinhas, a maioria dos recém-chegados logo voltava à condição de neutralidade emocional. O cheiro de corpo, de qualquer um, bastava para tranquilizá-los. Depois de algumas entradas e saídas pela porta, quase todos os cães pareciam nem notar mais as estátuas, assim como cães da cidade não prestam atenção a pombos nas ruas depois que estes perderam sua "carga" pela exposição constante. Mas, coisa estranha, para alguns cães a própria imobilidade das estátuas piorava tudo; as estátuas eram energética e emocionalmente neutras, de sorte que refletiam e até amplificavam o medo que os cães projetavam nelas. Os cães sensíveis ficavam amedrontados porque o que se passava dentro deles se refletia do lado de fora sem nenhuma alteração.

Quando comecei a perceber que a imagem vista do lado de fora reflete o sentimento existente do lado de dentro, reconheci também que minha afinidade com cães agressivos estava na razão inversa de minha própria falta de traquejo social. Isso me pareceu curioso, pois agora me orgulhava de criar programas para cães policiais, estava me saindo bem em competições esportivas, tinha meu próprio negócio e começava a me encarregar de uma família. Concluí, pois, que meu senso de inadequação nada mais era que uma distorção do modo como via os cães. Destes, os que me pareciam mais difíceis de trabalhar eram os submissos, os amistosos, os que a maioria dos donos e treinadores valoriza acima de todos os outros. Pela primeira vez, comecei a me sentir incomodado pelo fato de, ao caminhar pelo canil, os cães tímidos recuarem para um canto ou saírem correndo caso sua portinhola fosse aberta. De qualquer maneira, eu não tinha culpa – seu medo e sua timidez não me diziam respeito –, mas, mesmo assim, aquilo era um reflexo da minha pessoa, já que eu não fazia nada para que ficassem felizes ao me ver. Na época, achava que o máximo que podia fazer por aqueles cães era ignorá-los e prescrever-lhes uma rotina previsível. Que passassem em paz seu tempo fora de casa e, na melhor das hipóteses, se saíssem bem no pátio de exercícios a fim de poder brincar com outros de natureza semelhante. Para piorar as coisas, cães de temperamento dócil eram difíceis de manter e cuidar no canil. Não comiam e perdiam peso mesmo deitados, quietos, ruminando seu estresse. Lidar com eles era tão bom quanto arrancar alguns dentes.

Agora eu reconhecia que essa postura era mais que uma visão de seu temperamento: ela espelhava também a inflexibilidade de minha natureza. Para eles, eu era quase Darth Vader. Emocionalmente, parecia uma estátua de pedra.

Resolvi interromper essa prática de negligência benigna e dediquei mais tempo a cada cão sensível para ver se conseguia melhorar minha imagem a seus olhos. Desejava que eles me procurassem com ansiedade, que clamassem em suas baias pela minha presença. Toda manhã, a primeira coisa que fazia era investir meu tempo e esforço para cativar aqueles bichinhos sensíveis. Dizia baboseiras e acompanhava a música que estivesse tocando no rádio do canil, incorporando alguma variação de seus nomes na letra quando passava por suas baias. Importunava os cães das baias vizinhas, provocando um pequeno redemoinho de energia jovial e depois espalhando-o pelas outras. A certa altura, deixava os que tentavam me cativar e me aproximava dos sensíveis, como que por acaso, e depois ia embora quando eles olhavam para mim. Respondendo a seus avanços com negativas carinhosas, enfiava alguma guloseima especial por suas portinholas e saía o mais depressa possível a fim de valorizar minha presença por uma ausência súbita. Logo aquelas criaturas sensíveis se renderam. Em alguns casos, de maneira dramática. Alguns se postavam junto à portinhola quando eu passava, embora outros permanecessem ao fundo. Mas quando eu me inclinava para lhes dar petiscos, até os mais renitentes comiam de minha mão. Alguns praticamente gargalhavam girando o corpo enquanto eu os acariciava. Cada contato gerava mais e mais energia e eu também comecei a me sentir nas alturas.

Fato curioso, um dos resultados dessa abordagem foi que as tarefas do canil deixaram de ser tão extenuantes ou mesmo demoradas como de hábito. Toda vez que um cão voltava ao canil, sua energia parecia mais intensa e afetava positivamente o clima emocional do lugar. Tínhamos atingido a massa crítica, como no caso da fusão nuclear: eu estava extraindo mais energia do que aplicara.

Depois de vários meses com essa nova política, algo grande aconteceu. Eu me esforçava para concluir o livro que estava escrevendo, *Natural Dog Training* [Treinamento Natural de Cães]. O editor comprara o livro levando em conta um acordo que eu fizera com um escritor profissional. Mas a colaboração não funcionou e agora eu tinha de cumprir o contrato sozinho. Tentava moldar uma visão nova do comportamento canino e daquilo que ele revelava sobre as obras da natureza, mas não conseguia encontrar as palavras ou conceitos para me exprimir claramente. Sabia tudo aquilo em um nível profundo, mas as coisas pareciam trancafiadas dentro de mim, em meu eu intuitivo. Era doloroso tentar articular o que queria dizer. Falava em termos de "limiar da presa" e "contraste negativo *versus* positivo". E chamava o filhote de encarnação física do "estresse profundamente arraigado" da mãe.

Então surgiu Dupre.

Eu estava trabalhando tarde da noite em meu escritório, em cima do canil, em um estado de total e abjeta frustração. Praguejando, quase joguei meu computador pela janela. Resolvi fazer uma pausa e desci para ver os cães.

Um dos que haviam sido alvo de meu projeto era a cadela Dupre. Tinha sangue de pastor alemão, perdigueiro e talvez um pouquinho de husky. Estava na primeira baia à direita quando caminhei pelo corredor central; quando acendi a luz do teto, vi-a estendida em sua cama com as quatro patas dobradas sob a barriga. Levantou-se com a máxima delicadeza, erguendo primeiro a parte traseira com o apoio dos membros dianteiros. Já de pé e ainda sonolenta, esticou o focinho para a porta, abanou as orelhas e me fitou diretamente com a visão tentando se adaptar à luz. Eram olhos grandes, redondos, negros como breu.

Nossos olhares se cruzaram e aquele foi o momento mais espontâneo, mais involuntário que já experimentei. Ela me contemplava com uma expressão meiga, as pupilas totalmente dilatadas. Senti um aperto no coração, uma sensação quase dolorosa que evocava estranhamente uma pontada de saudade. De súbito, minha mente se iluminou, como se uma pressão enorme houvesse sido liberada. Subi correndo as escadas do escritório e, em uma hora apenas, consegui articular o conceito mais difícil que me atormentara por anos e que até aquele momento eu jamais reconhecera como o ponto central da minha teoria do comportamento. Uma vez estabelecido o princípio, o fluxo lógico e a estrutura do livro todo, bem como da própria teoria, tomaram seus devidos lugares nos dois dias seguintes.

A presa está no predador. Assim, quando os lobos caçam, seus movimentos coordenados constituem diferentes estados de sociabilidade, diferentes sentimentos que, em outras situações, chamamos de atitudes sociais. Todo posicionamento em torno da presa evoluiu para um posicionamento social, representando uma maneira de viver em sociedade em que a energia é canalizada para uma postura de consenso grupal. Primeiro, vem a caçada. Depois, a matilha. Não o contrário. Sem dúvida, conforme agora fazia sentido, os predadores evoluíram a partir da presa; primeiro vieram os herbívoros e em seguida os carnívoros. Nós os vemos como criaturas fundamentalmente diferentes, mas, por definição, os carnívoros devem ter evoluído a partir dos herbívoros – não há outra possibilidade. Portanto, a essência de todo cão é a presa dentro dele. Os predadores não superam a presa; comunicam-se com ela porque é dela que provieram. Por isso, o predador sabe como apanhar a presa; seu comportamento é um reflexo de sua constituição interior. Dupre parecia um alce porque cães tímidos são "cordeirinhos", ou seja, parecidos com as presas.

Perceber a presa em Dupre deixou bem claro que, em qualquer nível de organização, a natureza é um espelho que constantemente força a energia a voltar para ele. Prossegue elaborando expressões cada vez mais sofisticadas de organização fundidas em um molde simples, que sempre se repetem e sempre obedecem ao padrão da energia em busca de aterramento, fluindo do cérebro grande para o pequeno. Eis aí o onipresente princípio da condutividade emocional que todos os mamíferos têm em comum e que possibilita a comunicação entre as espécies, sobretudo entre presa e predador durante a caçada. Todos os animais partilham essa essência energética universal que atrai e conduz as emoções, do mesmo modo que o cobre faz com a corrente elétrica. No que toca à emoção, isso está sempre associado ao corpo físico e à terra. Estimula os animais a ingerir, a desejar ardentemente viver.

Os cães são sociais por natureza porque apenas metade do circuito emocional está no indivíduo. A fim de ligar o Grande Cérebro ao pequeno, o cão precisa fazer contato com a polaridade positiva existente nos arredores. E, para isso, precisa vencer a resistência e a força inibitória do aspecto de predador do outro ser. Neste é que está a segunda metade do profundo circuito emocional. Nenhum cão é uma ilha.

Essa compreensão me conduziu ao tema dominante de meu livro. Existem instintos de matilha e existe energia grupal. A energia grupal é um sentimento; os instintos de matilha são um pacote de reflexos do Grande Cérebro, caricaturas contidas e inibidas da maneira de ser do grupo. O grupo vem primeiro; a matilha vem depois e se baseia no grupo – não o contrário. Posicionar-se em torno da presa é o traço distintivo do comportamento social que torna possível a matilha. Quando um lobo olha para alguma coisa, olha simultaneamente para dentro de si mesmo, para a essência energética que partilha com todos os outros animais. Em suma, partilha a presa interior com a presa que está caçando. O lobo caça fora o que sente dentro. A natureza é um espelho.

Emoção não resolvida: o "x" da questão

Uma pergunta óbvia é: se os cães se prendem ao agora e só obedecem a seu ponto de vista emocional presente, como explicar as ocasiões em que agem como se reconhecessem o ponto de vista de outros? O que sucede quando eles se comportam de uma maneira que parece demonstrar certa compreensão de causa e efeito ao longo do tempo? Mais: se um cão está plenamente atado ao momento atual, como são possíveis a memória e as interações complexas, inteligentes?

Pela minha teoria, os cães têm memória, mas de um tipo específico: uma memória física, não mental. A memória física é acionada prontamente e não necessita de um "pensamento" para começar a funcionar, sendo gerada por um suprimento constante, mas variável, de "emoções não resolvidas".

A emoção não resolvida surge sempre que um fluxo físico ou emocional de energia encontra um grau de resistência qualquer. Armazenado no corpo/mente como "bateria emocional", esse estresse se trata da lembrança física de um desejo que não se realizou. Daí por diante, essa "camada" particular de memória física é trazida à tona por aquilo que iguala em intensidade a causa original de sua aquisição. A lembrança antiga é "projetada" automaticamente na causa nova. Duas coisas podem então acontecer. Se a lembrança física recente for processada pelo cérebro pequeno, localizado nos intestinos, o cão se sentirá aterrado e, longe de repetir o drama antigo, será "movido" pelo agente causador. Ele se sentirá, na verdade, estimulado. Se, por outro lado, a lembrança física for processada pelo Grande Cérebro, localizado na cabeça, o cão se sentirá oprimido e/ou bloqueado. Perceberá o agente causador como um "objeto de resistência".

No primeiro cenário, o cão que "projeta" é induzido a agir com uma linguagem corporal suave e discreta. Essa abordagem poderá levar o objeto de seu desejo a sentir-se igualmente bem e a comportar-se de modo a intensificar a sensação de movimento prazeroso que ocorre dentro do "projetor". Assim, a atitude amistosa retorna e aprofunda o sentimento de prazer das partes envolvidas na interação. Temos aí um circuito de autossintonização/*biofeedback* sob a forma de um tratamento sofisticado do princípio subjacente da condutividade emocional. Os sentimentos originais de resistência se diluem e desaparecem à medida que vão se habituando a funcionar de tal maneira que o objeto de sua atração se veja forçado a lhes devolver o prazer. Então, caso o contato seja mantido por tempo suficiente, as duas partes evoluem até se tornar a imagem especular uma da outra, em comportamento e em personalidade – pois, nessa interação, para que uma delas sinta prazer, a outra também precisa sentir. Eis o motivo pelo qual os cães são sociáveis por natureza.

O movimento induzido no outro não é, obviamente, um movimento de energia real; surge da lembrança física de movimentos reais executados durante a obtenção de objetos de desejo, sobretudo na fase em que as impressões mais se fixam na mente e que corresponde aos primeiros dias de vida. E eu iria mais longe: surge da sensação de imponderabilidade experimentada no período passado dentro do ventre da mãe.

Um cachorro que treinei no início dos anos 1980 levou-me a entender quão poderosamente a memória física afeta a experiência de realidade do momento atual e como um cão vê/experimenta as coisas no presente como uma imagem especular daquilo que experimentou/viu no passado. Nicholas, um jovem macho *bichon frisé*, foi-me confiado pelo veterinário porque tinha de tomar anestesia toda vez que lhe cortavam as unhas e limpavam as orelhas; ora, com essas raças, tais atividades devem ser feitas regularmente para a higiene geral. Mas o cão ficava tão assustado e agressivo quando tinha de fazer isso que precisava ser posto em nível pré-operatório com forte sedativo. Felizmente, depois de umas poucas lições, consegui ensinar à dona como cortar suas unhas, limpar suas orelhas e pentear seu pelo sem drogas, focinheira ou imobilização.

A técnica é relativamente simples. Primeiro, temos de reconhecer que ainda não se desenvolveu nenhum método pelo qual um animal possa aceitar outro ou algum tipo de força prestes a assumir o controle de seu corpo. Isso gera pânico. Nós também não gostamos de entregar nosso corpo à fila no Departamento de Trânsito; para isso, o departamento dá a cada pessoa uma senha no balcão, para que de algum modo possamos controlar nosso tempo, pois, se a fila não anda depressa, começamos a ficar "inquietos". Para proporcionar a Nicholas um senso de controle, coloquei-o em uma mesa alta e lisa; quando ele ameaçava me morder, eu não o corrigia nem repreendia, apenas o puxava para fora da mesa pela coleira sem permitir que suas patas da frente tocassem o chão. Deixava-o lutando para voltar à mesa com a mesma intensidade com que quisera me morder e, em seguida, ajudava-o a firmar-se no tampo, passando então aos vários outros procedimentos. Como lutava para recuperar o equilíbrio usando o mesmo grau de intensidade com que temia o treinamento, os dois medos se cancelavam reciprocamente. Mas precisava batalhar e enfrentar o medo, isto é, fazer um esforço para voltar à mesa, o que lhe dava um senso de controle. Acabou reconhecendo que eu o ajudara a solucionar o problema não se importando mais quando eu limpava suas orelhas, cortava suas unhas e penteava seu pelo, coisas que o induziam a tentar me morder momentos antes – pois, agora, se sentia no controle. Quando um animal se sente no controle, a dor é minimizada e pode mesmo ser percebida como um sinal de sucesso iminente. É a clássica alternativa “vencer ou vencer”. Nicholas assumia o controle fazendo o que eu desejava. Agora, a pergunta que restava era: por quanto tempo o cão consegue manter o sentimento de estar no controle? Essa é a curva do “aprendizado” e existem exercícios específicos para fortalecer o “músculo da confiança”, isto é, o coração.

Com o sentimento do cão já sob meu controle, era a vez de a dona de Nicholas tentar controlá-lo também. Tudo correu às mil maravilhas e ela me perguntou se a tratadora podia comparecer à próxima sessão. Assim, na semana seguinte, a tratadora se juntou a nós e começamos com Nicholas sobre a mesa, como sempre.

A tratadora deixou as ferramentas de seu ofício sobre o tampo, diante do cão: tesouras em estojos de couro, pentes, talco, sprays e um tosquiador elétrico com suas lâminas bem lubrificadas. Eu esperava o melhor, mas não fiquei surpreso quando Nicholas teve uma recaída e começou a espernear violentamente, como fizera na última vez que a tratadora cuidara dele. Julguei que poderia acalmá-lo ainda mais depressa do que nas sessões anteriores, pois seu senso de controle se fortalecia a cada experiência. No entanto, o que aconteceu logo depois me espantou.

Depois de tentar atacar duas vezes, e antes que sossegasse, Nicholas de repente teve um ataque de catatonia, caindo de lado e revirando os olhos, com as garras e as mandíbulas cerradas. Aparentemente, ficava nesse estado quando o anestesiavam para cuidar dele. O Grande Cérebro podia desligar-se, mas o corpo continuava por inteiro no modo "lutar ou fugir", e a presença da tratadora com seus instrumentos acionava essa camada profunda de memória física. Como não estava realmente sedado, podíamos notar a cólera que seu corpo/mente estava vivenciando.

Por alguns segundos, temi que o cãozinho morresse de parada cardíaca, mas logo, para meu alívio, ele voltou a si e passou a agir como se nada houvesse acontecido. Retomamos a aula, agora com a presença da tratadora, e Nicholas abanou o rabo quando a mulher o tocou com a tesoura, chegando mesmo a devorar os biscoitos que ela lhe deu. Passou, pois, do processamento do passado com o Grande Cérebro para o processamento do presente com o cérebro pequeno; voltaram todos para casa e os relatos posteriores foram sempre do tipo "...e viveram felizes para sempre". Nicholas mostrara de maneira vívida como a memória física cataloga imagens, sons e cheiros do presente baseando-se no passado, para em seguida induzir o animal a reviver cada fragmento da experiência.

A tese da emoção não resolvida não é nova, como novo não é o conceito de memória física. Mas a emoção não resolvida como fundamento da memória física, as lembranças físicas de movimento aplicadas ao presente para que o animal possa ter a sensação desse movimento quando atraído por alguma coisa, que depois inspirará o objeto de atração a sentir o mesmo, a fim de que os dois seres se conectem – isso é novo. E significa que a memória física constitui o núcleo de uma rede, porquanto os animais evoluíram para ser capazes de sentir e ler as baterias emocionais de outros que porventura os atraiam. Quanto maior for a força de atração, mais profunda será a emotividade do aterramento e mais as atitudes de cada animal, em uma interação, se revelarão uma cópia da história emocional de outro.

CAPÍTULO 10

O PRIMEIRO PASSO CONSISTE EM ALIVIAR O ESTRESSE PROFUNDAMENTE ENRAIZADO

Toda experiência da realidade atual está no topo da camada mais profunda da bateria emocional, aquilo que chamo de "estresse profundamente enraizado". Ao contrário da emoção pura, que é eventual e transitória, a emoção não resolvida (ou armazenada) é cumulativa e permanente. Dia após dia, a cada experiência emocional, ela vai se avolumando e compactando cada vez mais. A aquisição de emoções não resolvidas é a função *default* da consciência, uma vez que enfrentar a resistência dos movimentos físicos e emocionais é a história da vida no planeta Terra. Todo animal é um dissipador de calor e seu corpo/mente funciona como uma "bateria emocional" que contém emoção não resolvida como memória física celular de qualquer grau de resistência enfrentado. Eu diria que os animais deveriam ser vistos como transportadores mais de carga emocional do que de genes. Eles são mais baterias biostáticas do que máquinas de genes.

Enfim, a coisa mais importante a se levar em conta sobre a emoção não resolvida é que o indivíduo não tem acesso ao material impresso em seu corpo/mente como registro de experiências emocionais, da mesma forma que o usuário de computador não tem acesso direto aos *bytes* de zeros e uns armazenados na memória física do aparelho – e da mesma forma que o cérebro não pode se mover em torno do centro de gravidade físico do corpo apenas pensando nele. Não temos acesso à emoção não resolvida que acumulamos e não podemos controlá-la, sobretudo o estresse profundamente enraizado, mesmo sendo ele a motivação universal de tudo quanto fazemos. Essa impossibilidade de acesso explica por que a emoção funciona como uma rede que mantém os animais presos enquanto buscam seus objetivos.

A emoção não resolvida é o meio que a natureza encontrou para transmitir informação de conteúdo emocional *ao longo do tempo*, a fim de gerar uma mentalidade grupal *no presente*. A memória física – isto é, ver no presente o que se experimentou no passado – é a chave para a evolução de uma inteligência em rede. Por isso, acredito que a fisiologia e a personalidade dos animais se baseiem em sua bateria emocional, em torno da qual se dispõem. Como os cães são sociáveis por natureza, sua personalidade e comportamento se organizam em volta da carga emocional dos sentimentos dos donos, pois essa é a bateria emocional mais poderosa na vida de qualquer cachorro. Cada célula do corpo de um cão está disposta ao redor do *estresse profundamente enraizado* do dono.

Só há um Grande Passo a dar, antes de qualquer outro: descer ao nível mais entranhado da emoção não resolvida, o estresse profundamente enraizado.

A bateria emocional funde momentos e seres

Um cão não pensa em um momento relativo a outro ou em um ponto de vista em comparação com outro – mas pode *sentir* o fluxo de emoção correndo do frio para o quente ou do quente para o frio, da expansão para a compressão ou da compressão para a expansão. E, dado que as propriedades das emoções e seus princípios de movimento refletem diretamente a composição física da natureza, esses estados correspondem ao modo como o ambiente se modifica, proporcionando ao animal um meio inteligente de descobrir se seu ato irá funcionar e, também, de como interagir com outros.

A natureza repete infinitamente os tipos e as formas. Em anatomia, esse processo é chamado de "Proporção Áurea", uma proporção específica válida para todos os tipos de corpos, não importa qual seja o organismo. Portanto, nada mais lógico do que encontrá-lo também na natureza e no comportamento dos animais. A meu ver, a interação entre emoção e estresse, polos opostos, mas ao mesmo tempo complementares, é um molde fractal repetitivo de comportamento. E, no meu modelo, vejo o comportamento organizado em torno da bateria emocional, de que dependem os aspectos fisiológicos e anatômicos. Além disso, o filhote é uma projeção emocional, tanto quanto física, da mãe. Uma ninhada compreende o espectro total de polaridades de que ela dispõe em seu temperamento; a "personalidade" de cada filhote é o reflexo de uma função emocional específica desse temperamento. Cada filhote pode ser considerado uma manifestação física das diversas respostas ao estresse profundamente enraizado da mãe. Por isso, há tanta diversidade entre os filhotes quanto entre as raças. Trata-se do mesmo fenômeno.

Dois, três, quatro ou cinco cães personificam a "mente grupal" de maneira dramática, uma bateria emocional coletiva em que cada cão age segundo seu "polo" específico, igual mas oposto a outro como parte complementar do "campo" todo. A constituição de cada indivíduo é uma fatia única do círculo maior, os polos lembrando raios se projetando do cubo de uma roda. Fisicamente, cada filhote manifesta um aspecto específico da "mente" materna, assim como todo membro de um grupo constitui uma porção da mente grupal. O modo como a mãe trata um filhote ou reage a ele, e vice-versa, revela de que forma um processo emocional está se desenvolvendo dentro dela – e ao mesmo tempo, como imagem especular, dentro de seus filhotes. O filhote não é um ser distanciado da mãe, ele faz parte dela. E, como grupo, o que todos eles fazem tem de se conformar a um padrão abrangente. Se um indivíduo muda para outra polaridade, em resposta a um estímulo ambiental, os outros mudam também a fim de preservar o esquema.

Em última análise, isso significa que o cão se desenvolveu para associar sua emoção não resolvida à do seu dono, a fim de trabalharem juntos com o objetivo de superar o que quer que esteja "entalado" na bateria emocional do dono. Depois de conviver por tanto tempo com cães, acredito poder responder agora a qualquer pergunta sobre os mistérios e complexidades de suas atitudes, tanto quanto sobre a maneira como se relacionam com seus donos. E posso responder também por que as pessoas, falando de cães, mencionam uma única palavra: *sentimentos*. Os cães não *sabem* o que fazem, *sentem* o que quer que façam.

Concluí ainda que, quando peço aos donos para refletirem sobre os motivos pelos quais seus cães agem de determinada maneira, estou realmente lhes pedindo que reconsiderem seu longo convívio com a emoção e os sentimentos. A verdade é: transformamos nosso cão em pessoa porque pomos nosso coração na frente de tudo. Hoje sei que meu pai e eu não discutíamos sobre cães: discutíamos sobre como as emoções não resolvidas, precipitadas pelos cachorros que treinávamos, nos faziam sentir.

CAPÍTULO 11

ONDE SE SEPULTA O PASSADO

A emoção não resolvida não se acumula no corpo por acaso e desordenadamente. Acumula-se de acordo com um protocolo rigoroso, como livros dispostos em uma biblioteca, cada qual exibindo uma etiqueta que indica um lugar em uma determinada prateleira. Todo desejo ou sentimento de atração que não segue seu curso até a satisfação plena provoca uma sensação intimamente associada ao medo e torna-se uma lembrança física armazenada no corpo. Quando esse nível específico de intensidade é experimentado de novo, não importa quanto tempo tenha decorrido nem quão diferente a situação possa parecer, a sensação de medo e seu desejo implícito serão acionados como lembrança física de um assunto inacabado. Mesmo as experiências positivas carregam certo grau de sensações associadas à resistência; todas as experiências se acumulam no topo das camadas mais profundas e, como resultado, o medo subjacente é intensificado e a resposta provocada vai ficando cada vez mais forte com o passar do tempo.

As camadas mais importantes da emoção não resolvida são as que adquirimos nos primeiros anos; elas ficam registradas na região dos intestinos/baixo ventre do corpo físico. Essa região profunda constitui o que chamo de "centro de gravidade emocional" porque é ali que os dois sistemas mais primitivos, a digestão e o equilíbrio, se encontram para movimentar o corpo e satisfazer a fome. É ali também que fica o centro de gravidade físico quando o corpo se posiciona para agir em qualquer direção.

Essa área é o núcleo da memória física. Por exemplo, durante as primeiras fases do aprendizado infantil, o animal começa a dominar a mecânica da locomoção para obter aquilo que deseja, e essa lembrança física persiste até se tornar a motivação de todo comportamento. A área combina toda a energia nervosa e todos os surtos hormonais gerados pela fome e pela vontade de brincar ("Quero comer"; "Quero aquele brinquedo") com a necessidade de equilíbrio ("Como ficarei de pé para pegar aquele brinquedo?"). Em seguida, a experiência é catalogada segundo a resistência que lhe foi oposta, das coisas boas – como no simples esforço físico para ir de um ponto a outro – à frustração, confusão, ansiedade, pânico e fracasso completo, quando o que é desejado não é obtido por causa de algum impedimento. Uma vez implantada, a lembrança da resistência não desaparece nunca; fica armazenada para uso posterior.

Não é por coincidência que os órgãos sexuais estejam localizados nessa região. Assim, a fome pode se transformar em maneiras mais sofisticadas de conexão do que simplesmente morder e usar as mandíbulas para satisfazer uma sensualidade física. O cão pode estar perto de alguma coisa ou ver alguma coisa e se sentir fisicamente conectado a ela porque a sensualidade é como um envelope que o contém e tudo que o atraia. A base da cauda também está perto do centro de gravidade físico e, como as lembranças de resistência emocional se acumulam em torno desse centro, tudo aquilo que o indivíduo deseja – física, emocional ou sexualmente – afeta a cauda e seus movimentos. Por isso, a cauda do cão é tão expressiva. Quando a mantém erguida a 90° com relação à linha superior do corpo, ele está se esforçando para conservar o equilíbrio (atitude que confundimos com a de dominação); quando a deixa caída, procura evitar o colapso emocional total e impedir que a energia escape de seu centro de gravidade emocional (atitude muitas vezes acompanhada pela emissão de urina). Confundimos isso com a postura de submissão, mas é também um problema de equilíbrio. Quando a cauda está um pouco erguida e balançando suavemente, como a alga no fundo do mar, o componente fome/desejo é que se destaca na mistura.

Com o centro de gravidade emocional funcionando como núcleo denso e as lembranças mais vívidas alojadas nesse núcleo, as lembranças físicas de menor intensidade se irradiam dali para o resto do corpo. As lembranças físicas estão simetricamente dispostas em torno do centro de gravidade emocional, assim como a anatomia física está simetricamente disposta em torno do centro de gravidade físico. Como o corpo se desloca de maneira rítmica devido à sua simetria anatômica, o centro de gravidade físico também transita pelo corpo simetricamente; à medida que o cão se move e alterna seu peso físico, as lembranças físicas são evocadas de acordo com esse padrão simétrico. Nos termos do condicionamento pavloviano, sempre que o centro de gravidade físico se desloca, à medida que o cão obtém o que quer, estabelece pelo corpo um circuito de prazer liberando opiatos naturais. Segundo a pesquisa do Dr. Pert em *Molecules of Emotion* [Moléculas de Emoção], cada parte do corpo é dotada de opiatos, neurotransmissores e pontos de recepção. E eu suponho que essa seja a base de uma memória física positiva em uma experiência que supere a resistência física entre o ponto A e o ponto B. Inversamente, quando o cão encontra resistência maior que a simples mecânica do movimento, esse fato deposita uma lembrança de resistência na mesma trilha. Daí por diante, quando ele vê algo se movendo, e de acordo com a intensidade e o ritmo do movimento, sente-se sensual e magneticamente impelido a avançar de maneira fluida; ou então, sente uma espécie de eriçamento elétrico, estático, a que responde moderando os gestos. Desse modo, os tecidos físicos do corpo lembram um chip semicondutor, um transmissor biológico no qual os circuitos funcionam como portas lógicas, às vezes abertas, às vezes fechadas à condução. Podemos observar um cão saindo do modo estático, hesitante, quando o dono se aproxima e ele não o reconhece por causa de um chapéu ou casaco novo: então, balança a cauda e agita o corpo a seu lado, com o cheiro ou a voz do dono transformando as lembranças de resistência em circuitos de prazer. O cachorro transborda de alegria porque sente um forte impulso magnético na parte do corpo sensualizada pelas palavras e carícias que recebeu do dono em um momento prazeroso anterior.

O centro de gravidade emocional consiste no centro de gravidade físico mais a memória física acumulada pela experiência. Portanto, após uma experiência emocional, o corpo se torna praticamente uma impressão fotográfica dos parâmetros energéticos das circunstâncias em que essa camada específica da memória física foi adquirida. A fim de ajudar as pessoas a visualizar o centro de gravidade emocional, peço-lhes que imaginem, dentro do cão, uma bola de ferro parecida ao núcleo da Terra. Até o cachorro decidir executar uma ação, ela se localiza na área das entranhas e do baixo ventre. Quando o cão se move emocionalmente, essa bola virtual muda de lugar do mesmo modo que o centro de gravidade real do corpo físico se desloca com o movimento do corpo. Estudando o comportamento de um cão, podemos perceber que o centro de gravidade emocional e as leis de seu movimento são o princípio norteador de tudo quanto ele faz, assim como as leis da dinâmica de Newton constituem o princípio organizador de todos os movimentos do centro de gravidade físico. Quando um cão se prepara para caminhar, desloca para a frente seu centro de gravidade emocional: é como se seu centro de gravidade físico se projetasse no objeto de atração, à semelhança do ponto de luz vermelha de um laser dirigido para o alvo. O cachorro procura então conectar-se a esse ponto e pode fazê-lo porque o processo de projeção aciona automaticamente a lembrança de como se mover. Não há melhor exemplo disso do que um cachorro correndo para apanhar um *frisbee*.

O cão, aliás, não tem o senso de seu corpo inteiro, exceto em termos do centro de gravidade emocional. Em suma, quando projeta o centro de gravidade emocional na forma de um objeto, não sente o próprio centro de gravidade físico até que ele se harmonize com aquilo em que seu "eu" foi projetado. Assim, quando vê o *frisbee* alçando voo (e o *frisbee* alça voo com seu centro de gravidade físico), o cão é induzido a conectar-se a ele para se sentir conectado ao seu "eu". Na mente do cão, o centro de gravidade emocional (o centro de gravidade físico projetado) é o que liga sua parte dianteira com a traseira sempre que ele é estimulado por alguma coisa. Isso, gerando bem-estar, faz o cão se sentir completo.

A fim de avaliar da melhor maneira a conexão entre os centros de gravidade físico e emocional, de um lado, e a sensação de plenitude que resulta da ressonância, de outro, imagine-se sentado em uma gangorra com outra pessoa na outra extremidade. Em repouso, sua percepção de equilíbrio está firmemente enraizada no centro de gravidade físico de seu corpo, localizado no ponto de contato dele com a gangorra. Mas, quando esta começa a se movimentar, o centro de gravidade físico se acelera e se desloca pelo corpo, como uma bola de ferro subindo e descendo por uma trilha que corre da ponta dos dedos dos pés até a cabeça, enquanto você sobe e desce. Depois de algum tempo, essas forças opostas, mas iguais, começam a se compensar e você pode então sentir o centro de gravidade emocional fora do corpo, fundido com o centro de gravidade físico real de todo o sistema. Isso inclui também seu parceiro e, é claro, o fulcro no meio da gangorra em que todo o sistema se apoia. A percepção do centro de gravidade físico migrou de seu corpo para o ponto de articulação de todo esse movimento contrabalançado, e agora você sente esse ponto como seu centro, no meio do peito, no coração. Esse sentimento no coração tornou-se uma nova percepção do corpo e é mais importante para a sensação de fluxo do que o corpo real e seu ponto de contato com o assento ou as mãos presas à alça do brinquedo.

Sem dúvida, sua mente ainda consegue controlar o resto do corpo, de sorte que, mentalmente, você sabe que ainda possui um; a mente do animal, porém, obedece à energia do momento e não à apreensão mental da realidade. É só pelo sentimento de fluxo no coração que o cachorro percebe o próprio corpo.

O passado é sepultado junto ao centro de gravidade emocional, conforme a intensidade da experiência. E, tal como o centro de gravidade físico, permanece no fundo da consciência, embora não o percebamos durante as rotinas regulares – isto é, até estarmos na iminência de perdê-lo.

A mente animal pode lidar com os efeitos da memória física de duas maneiras: qualitativamente, em termos dos fatores específicos daquilo que provocou aquisição da memória; e quantitativamente, como lastro fixo que funciona como um contrapeso emocional a outro ser em uma relação. Neste último caso, a resistência antiga se transforma naturalmente em opiatos por intermédio do condicionamento pavloviano e uma "energia nova" é experimentada como o suprassumo do prazer. Vemos isso sempre que dois cães se encontram pela primeira vez. Ambos têm de conviver com os detalhes de como adquiriram suas lembranças físicas, mas a certa altura um cão apenas projeta seu centro de gravidade emocional no outro e "deixa pra lá" a fim de forjar um novo relacionamento.

O centro de gravidade emocional constitui o senso do "eu" de um animal, o núcleo de sua consciência. Chamo-o de núcleo porque é o ponto exato do corpo de um cão onde ele experimenta o mundo, ou seja, é o centro de sua percepção consciente. Um cachorro, dado que a emoção tem efeitos físicos internos, sente-se fisicamente ligado a um polo que o conecta àquilo que o atrai; assim como em uma gangorra, estamos fisicamente conectados a um parceiro que nos serve de contrapeso. Caso o sentimento de conexão possa ser mantido, o animal move o corpo em torno desse eixo (no tempo e no espaço) como uma maneira de, emocional e fisicamente, alinhar-se com o objeto de atração.

Voltando à minha história com Illo e o despertador: Illo não sabia a que hora eu queria me levantar. Eu carregara meu centro de gravidade emocional com um determinado grau de intensidade, quando internalizei meu desejo de acordar às cinco da manhã. Acelerara meu corpo emocional graças à força do desejo e Illo pôde sentir *onde* eu estaria, *não no tempo, mas no espaço*, quando a Terra, a Lua e o Sol se alinhassem às cinco horas da manhã do dia seguinte. Illo conseguiu sentir *onde* ocorreria a liberação dessa vibração porque isso representava o fim daquele impulso específico.

O mais importante relativamente ao centro de gravidade físico, e, em consequência, ao centro de gravidade emocional, é que ele pode se deslocar para qualquer parte do corpo e, conforme expliquei, até para fora do corpo. Quando um objeto de atração externo se move, para o animal é como se seu próprio centro de gravidade físico se movesse. É o que impulsiona o cão a correr atrás do *frisbee*: ele literalmente salta de alegria quando tenta apanhar o disco porque está se reconectando com seu "eu". Gosta desse joguinho porque seu "eu" parece flutuar, o que é um estado de supercondutividade emocional ou imponderabilidade – a mesma alegria que descrevemos ao dizer que estamos "pairando no ar", "subindo ao céu" ou "caminhando nas nuvens".

Todo relacionamento emocional entre predador e presa, macho e fêmea, e entre iguais funciona como uma gangorra. A espinha dorsal desse corpo emocional é como o suporte no qual os participantes se sentam. Quando os movimentos estão espelhando um ao outro em um ritmo de mudança agradável, cada qual entra em um estado de suspensão e passa a sentir o corpo, com seu centro de gravidade físico, subindo, descendo e se compensando em um sentimento localizado no coração. Assim, quando dois cães se projetam um no outro e começam a agir de maneira complementar, igual mas oposta, é como se estivessem sentados em uma gangorra formando um único corpo emocional.

Só se pode dizer que metade desse circuito emocional entranhado no corpo emocional, verdadeiro alicerce da constituição social, está no indivíduo; a outra metade é constituída pelo outro ser e até mesmo pelo ambiente. São necessários dois para fazer uma onda, um sentimento. Isso nos ajuda a ter uma visão mais clara da natureza da escolha na mente animal. Uma vez que a consciência animal se organiza de maneira a implementar uma inteligência em rede, os animais não são entidades inteligentes autônomas e assim, ao contrário do que ocorre com os seres humanos, são necessários dois para fazer uma escolha. Os dois animais, em interação, precisam sintonizar seus pequenos cérebros de modo a poder projetar e absorver energia entre si. Desse modo, ambos formam uma onda. Se filmássemos esses animais se movendo com uma placa refletora nas costas, acima do coração, a fim de registrar seus deslocamentos para cima e para baixo, para a frente e para trás, veríamos na fita uma função de onda, como a vemos em um monitor cardíaco. O processo de escolha não é mental, baseia-se na retroalimentação biológica [*biofeedback*]; consiste em aprender a movimentar o corpo para encarar de outra maneira o objeto de atração.

Uma vez que todos os animais sentem fome e possuem um centro de gravidade físico, e uma vez que o centro de gravidade físico pode se deslocar para qualquer ponto do corpo independentemente das ramificações nervosas, sempre existe a possibilidade de haver comunicação emocional entre dois animais quaisquer, *mesmo de espécies diferentes como o cão e o homem.*

Os animais aprendem a projetar seu centro de gravidade emocional nas coisas e, por isso, percebem seu "eu" como parte do ambiente. Em *My Stroke of Insight* [Meu Ataque de Percepção], Jill Bolte Taylor descreve os efeitos da ruptura de um vaso sanguíneo em seu cérebro: perdeu o senso humano do ego e, com ele, a capacidade de ver o mundo de uma maneira racional, compartimentalizada e intelectual. Entrou em um estado de perfeita sintonia com a natureza, precisando se esforçar muito para sair do devaneio e procurar ajuda antes que o dano ao cérebro se tornasse irreversível. Acredito que ela experimentou o que os animais experimentam quando seu centro de gravidade emocional os faz sentir-se completamente suspensos no ambiente, de sorte que tudo parece fácil e eles podem captar os sentimentos dos outros. Hoje, Taylor está desenvolvendo métodos para auxiliar as pessoas a vivenciar e aprofundar esse senso de vinculação, e parece-me que vem conseguindo auxiliá-las também a ampliar sua capacidade emocional.

O centro de gravidade emocional é a semente a partir da qual o coração surge para a vida. Segundo Scott McCredie, em seu livro *Balance* [Equilíbrio], os condutores de camelos e elefantes, por mais experientes que sejam, relatam muitas vezes enjoos de movimento, enquanto os cavaleiros, ou mesmo quem nunca andou a cavalo antes, nunca o fazem. Pura coincidência existirem apenas dois animais que podemos dizer serem inteiramente "corações"? Acho que só dizemos isso de cães e cavalos porque o coração é a faculdade de integração em um novo senso do eu. Todos os bichos são emocionais, mas nem todos possuem a mesma capacidade de emoção ou coração. Este é a faculdade que funde dois centros de gravidade físicos em um único centro de gravidade emocional. Assim conectados, cada um se torna a contrapartida emocional do outro. Quando cavalga, você não é apenas uma carga incômoda; o cavalo pode calcular uma nova massa física central e adequar os movimentos de seu corpo ao novo valor, como se ele e o cavaleiro fossem uma única entidade física: o cavaleiro é parte do cavalo, não está à parte do cavalo. Este percebe o cavaleiro por intermédio do coração e não da cabeça, ignorando assim os instintos que acompanham o fato de ter um peso estranho em seu dorso. Quando coisas boas acontecem, como a chance de galopar ou pastar e beber água, o cavaleiro ganha pontos na mente do cavalo e o vínculo entre ambos se estreita. (Eis outro motivo pelo qual dizemos que o cavalo é todo coração: como o cachorro, ele luta por aquilo que queremos, como vencer uma corrida.) No dorso de um camelo ou elefante, somos sacudidos como um saco de batatas: não há aí uma conexão completa. Esse cálculo emocional/físico acontece em todos os níveis de integração, da mecânica de cavalgar ao desenvolvimento de um vínculo. E o cavaleiro sente isso no coração.

As lembranças emocionais estão ligadas ao centro de gravidade físico, de onde se irradiam para o corpo/mente como uma bateria emocional. O coração, à semelhança de um dínamo químico, é o exato ponto médio do corpo/mente quando associado a outro ou ao mundo exterior; ele sincroniza as energias do corpo e do cérebro com o objeto de atração. Como, intuitivamente, reconhecemos esse fato na natureza dos cães e dos cavalos, sempre dizemos que eles são "todo corações".

Só o coração soluciona emoções não resolvidas, bem como o passado sepultado no centro de gravidade emocional. Se pudéssemos aprender a falar com o coração, agir com o coração e pensar com o coração, nós, seres humanos, também seríamos "todo corações". Esse é um bom motivo para viver com o melhor amigo do homem. O melhor amigo não é o companheiro ou o bicho de estimação. O melhor amigo sabe e revela o que está em nosso coração.

CAPÍTULO 12
"O QUE É UM CACHORRO?"

Ao longo do tempo, o coração tem sido considerado a sede do sentimento e, de fato, quando alguma emoção nos domina, levamos automaticamente a mão ao peito. Mas, com o advento da moderna neurociência e da radiografia cerebral, esse conceito ficou superado? Podemos ainda atribuir sentimentos ao coração?

Um exercício interessante seria brincar em balanço, dirigir um carro ou mesmo correr prestando bastante atenção ao ponto onde sentimos que esteja localizado nosso centro de gravidade. A meu ver, quando entramos em um sistema de energia qualquer, para o qual fomos atraídos ou que criamos graças à nossa própria locomoção, passamos a perceber diversos movimentos: para cima e para baixo, para frente e para trás, para a direita e para a esquerda, aceleração e desaceleração. Desse modo, compensamos e fundimos todos eles em um senso único de fluxo que emana do meio do peito, do coração. Pesquisas com cavalos de corrida mostraram que, quando um desses animais alcança a velocidade máxima, as quatro patas ficam, a determinada altura, no ar, colocando o cavalo em um estado de suspensão física e deslocando seu centro de gravidade físico para a área do coração. Minha teoria é que a memória física de um corpo em movimento se torna a experiência emocional de fluxo centrada no coração, quando o corpo/mente é induzido a um estado de "suspensão emocional" durante uma interação social.

A suspensão emocional é a lembrança física da suspensão física, que pode depois ser aplicada a outro ser como base de um relacionamento emocional. Assim, quando corre a plena velocidade, alcança uma presa na caçada ou vai e vem brincando de pega-pega com o dono, o cão associa essa situação de alegria com o senso de estar centrado no coração. Portanto, quando dois cães se encontram e iniciam o ritual de saudação canina, estão na verdade examinando se o parceiro potencial conseguirá induzir as lembranças físicas desse aprazível movimento. Em caso positivo, o cachorro toma consciência de seu coração e do senso de fluxo que dali se origina – e o jogo começa. As lembranças físicas de fluxo do passado inspiram a sociabilidade do presente.

Mas como a percepção do coração emerge no corpo/mente do animal?

O estado de atenção se compõe de dois "raios". O mais óbvio é o foco externo, aquilo que o indivíduo está olhando. Há, porém, um raio subliminar de atenção dirigido para dentro, para o centro de gravidade físico do corpo, já que dominar a mecânica do movimento constitui o primeiro passo para a satisfação de um desejo. A essência da locomoção é mover o corpo simetricamente em torno de seu centro de gravidade físico. Assim, o estado de atração é um raio duplo composto por um foco externo e um foco interno. A visão bifocal é o meio com que o animal calcula o movimento do ponto A ao ponto B.

Além disso, quanto maior for a ânsia por um objeto de desejo, com mais vigor ela se misturará emocionalmente ao senso de centro de gravidade físico do indivíduo, fazendo com que ele perceba, quase literalmente, o objeto de desejo como parte de si mesmo.

O mais importante relativamente ao centro de gravidade físico é que ele não apenas se desloca para qualquer ponto do corpo como pode também ser projetado para o ambiente, como quando, por exemplo, dois garotos se sentam em uma gangorra: então, o senso de fluxo em seus corações os conecta ao "ponto medial" do sistema de energia inteiro que eles formam, a saber, o suporte no qual a gangorra se apoia.

Esse senso de fluxo orienta o indivíduo para o ponto médio do sistema energético. E vale lembrar: um relacionamento emocional é também um sistema energético que implanta uma ordem bem superior de consciência animal. Quando um objeto de desejo é grande ou complexo demais para ser ingerido fisicamente (como um *frisbee* em um jogo de pega-pega com o dono ou outro cachorro em interação), o raio subliminar fixado no coração se destaca do corpo/mente e se prende emocionalmente ao objeto que o atrai. Por fim, no curso da interação, o verdadeiro ponto de massa central do objeto de desejo é reconhecido (por exemplo, pode-se ver um cão lutando para encontrar o centro de um grande pedaço de pau a fim de agarrá-lo e carregá-lo com facilidade ou percebendo que o dono representa o ponto médio e devolvendo-lhe o *frisbee* para o próximo arremesso). Daí por diante, quando o objeto de atração se mover, o cão que o observa irá senti-lo como seu próprio corpo se movendo também, conforme já vimos anteriormente, pois projetará seu "eu" nesse objeto de desejo. Conscientizando-se do ponto médio de um objeto de desejo complexo, o cachorro se conscientiza ao mesmo tempo de seu próprio coração: é como se um fio ligasse diretamente o objeto de atração, pelo ponto medial, ao coração do cachorro que observa. (Essa dinâmica é o núcleo do fenômeno da socialização, ou seja, o impulso oral que evolui para um estado complexo de sintonia sensual com outros seres emocionais – literalmente, um sentimento de vínculo de coração para coração.)

Dois cães se atraem como duas crianças em uma gangorra. Sentindo-se fisicamente ligados e registrando essa ligação graças a um senso de fluxo em seus corações, que gera efeitos físicos e neurológicos bastante reais, eles experimentam um vínculo físico de coração para coração.

Finalmente, quando o indivíduo redireciona seu olhar subliminar interior para o coração, um "sonar emocional" é imediatamente acionado. Por exemplo, todo dia Jim Touzeau, da Austrália, levava seu cão pastor Teka para a fábrica de vidro que possuía. Certa vez, sozinho com o cão, teve um ataque cardíaco e perdeu a consciência. Fato impressionante, Teka correu para o dono estirado no chão e começou a pular para cima e para baixo sobre seu peito com as patas da frente, enquanto ladrava em sua face. Voltando a si, Touzeau conseguiu pedir ajuda e seus médicos garantiram que Teka havia salvado sua vida. Existem portanto, nesse órgão, fios, membros elásticos de conexão estendidos de um coração a outro de sorte que o indivíduo sintonizado com o seu próprio coração consegue sentir o que se passa no daqueles com quem está em conexão emocional.

Embora, com toda a probabilidade, um cachorro não vá aplicar técnicas de ressuscitação cardíaca em seu dono caso ele tenha um ataque, ainda assim, nas coisas que faz diariamente, todo cão está na verdade se adaptando ao comportamento do dono por causa do sonar emocional e do sentimento partilhado por seus corações. Eis a dinâmica por trás do fenômeno que ocorre quando o cão se vira para onde o dono olha ou aponta. Ele percebe essa mudança do foco de atenção porque projeta um raio subliminar no olhar do dono. Ambos, então, entram em sintonia.

Essa expressão cotidiana do sonar emocional é de longa data. Por exemplo, pelo sonar acústico, um golfinho consegue desenhar um objeto com ondas sonoras e repassar o desenho a outro golfinho, o qual verá um objeto novo, que nunca vira diretamente. A visualização do objeto torna-se então uma memória partilhada. Em se tratando do sonar emocional, o cão que observa projeta seu centro de gravidade físico no dono e, quando o dono se move, um movimento correspondente é sentido também dentro do cão. Este sente o movimento internamente: o contexto lógico do movimento não importa, apenas a carga emocional e as lembranças físicas concomitantes são importantes. Por fim, com o passar do tempo, a soma total dos movimentos do dono forma um padrão emocional, um desdobramento da carga emocional que o indivíduo carrega consigo e investe em tudo o que faz. Na verdade, o cão recebe um sinal para reviver as experiências emocionais que motivam e orientam o dono. *A memória física é transferível.*

Assim, quando nos movimentamos, nosso cão revive o que nós vivemos. Os cães não são os únicos animais a ter um sonar emocional, mas sua capacidade de sentir emoções é superior, motivo pelo qual conseguem utilizar esse equipamento no mundo humano. O cão, ao observar, capta uma experiência emocional que nunca teve e *sente* o que seu dono está sentindo, uma carga emocional capaz de afetar cada movimento que faz e cada respiração que toma. Por isso, qualquer comportamento exibido pelo cão agrada intensamente o dono, pois nada mais é que a ressonância do nível mais profundo da consciência animal.

Vendo o comportamento de nosso cachorro como uma função do sonar emocional, podemos assistir à nossa história ganhando vida.

Existirá, no registro da natureza, alguma base para a minha teoria do sonar emocional? Examinemos de novo como os lobos se identificam com a presa que, entre muitas, mais provavelmente cairá em suas garras. Por exemplo, quando ela começa a se sentir nervosa e se agita de maneira inusitada, o lobo percebe essa agitação dentro dele mesmo e, emocionalmente, a fim de compensá-la, se desloca para o polo da certeza: torna-se mais agressivo ao perceber que a vítima se torna mais vulnerável. No entanto, se a presa visada permanecer "em seu corpo", sentindo-se à vontade sob o olhar do predador, este não atacará. O livro de Barry Lopez, *Of Wolves and Men* [Sobre Lobos e Homens], tem um capítulo intitulado "Um colóquio com a Morte". Nele, vemos um grupo de lobos andando resolutamente por entre um bando de renas em repouso, passando a poucos metros delas, que continuam ruminando calmamente sem ligar para os intrusos. Estes não as perturbavam. Lopez supõe que os lobos soubessem exatamente para onde estavam indo... e, estranhamente, as renas também.

Mas então, no extremo da manada, uma rena se ergueu e afrontou a alcateia que chegava. Ficaram se encarando por uns dez minutos; então, a rena se virou e fugiu, mas os lobos logo a alcançaram e mataram. Posso atestar, por experiência própria como treinador de cães de guarda, que, se a rena não fugisse, os lobos não a perseguiriam: aquela era a última coisa que um animal mais fraco deveria fazer, um comportamento contrário a tudo quanto ele aprendera durante a vida em termos de como lidar com lobos, ou seja, que o melhor seria permanecer quieto. Aliás, acredito até que a rena pudesse facilmente escorraçar os lobos, caso sentisse o próprio corpo e capitalizasse a vantagem emocional daí obtida. Ao contrário, durante aqueles dez minutos, os lobos projetaram sua carga cumulativa no corpo/mente da vítima potencial, que não suportou a pressão. A presa ficou confusa.

Depois que os lobos devoraram a presa, Lopez se aproximou, examinou os restos e descobriu neles indícios de doença. Os lobos, as renas saudáveis e o animal enfermo sentiram, todos eles, qual estava pronto para o sacrifício; o prazer emocional dos lobos basicamente induziu um ataque cardíaco na caça. Fez com que seu corpo/mente se separasse de seu "eu". O Dr. David Mech observou certa vez, de avião, um grupo de lobos acompanhar passo a passo um alce por um quilômetro ou mais e depois se afastar, enquanto o alce prosseguia seu caminho incólume, como a dizer: "Vejo vocês no ano que vem, em seu próximo *check up*".

Assim, direcionando coletivamente sua carga de energia para a presa, os lobos desmagnetizam o senso de unidade do grupo e um dos membros passa a se sentir desconectado tanto do grupo quanto de seu próprio senso do "eu". Olhando a presa bem nos olhos, os lobos conseguem descobrir onde ela está projetando seu "eu" no momento em que seu circuito de equilíbrio começa a se desorganizar. Se a presa permanece imóvel e reflete a projeção de volta para o lobo, a intensidade da pressão entre eles aumenta, mas agora é o lobo que fraqueja. Entretanto, se a presa agir de maneira condutiva – vibrar nervosamente, revirando os olhos –, o quadro de referência agressivo do lobo ficará mais forte.

Não é certo ver o lobo separadamente da presa; ambos formam uma única mente grupal, um único circuito energético, a tal ponto que, quando a presa se move, os predadores captam uma carga magnética do movimento, convertendo as reservas de estresse de suas baterias emocionais em substâncias químicas prazerosas, em "energia nova", como se fossem dínamos eletromagnéticos em estado de indução eletromagnética.

Sinto-me à altura de fazer essa afirmação em virtude de minha experiência como treinador de cães de guarda, experiência cujo nome mais adequado, a meu ver, seria "treinamento de projeção", pois nenhum outro tipo de treinamento depende tanto do fato de um cão projetar a si mesmo em outra criatura viva – nesse caso, eu.

Um cão policial que treinei, Olex, trabalhava com o oficial Reuben Light, do departamento de polícia de Brookfield, Connecticut. Durante uma sessão, fazíamos o exercício de "vigiar de longe", que ensina o cachorro a manter um criminoso imóvel latindo, mas conservando uma distância de dois a três metros entre ambos. Eu achava esse o meio mais eficaz de prender um suspeito, que tende a não se mexer com medo de ser mordido. Aprendi esse sistema com treinadores alemães de cães policiais.

Naquela sessão em particular, Olex estava na posição deitada enquanto Reuben, saindo de seu esconderijo, se aproximava de mim, que mantinha as mãos erguidas em sinal de rendição. Eu trazia no braço esquerdo uma proteção acolchoada e, na mão direita, uma arma (uma varinha flexível). Eu deveria atacar Reuben, com Olex pronto para defendê-lo. Quando Reuben ficou ao meu alcance, levantei a mão como se fosse golpeá-lo na cabeça com minha arma de mentira. Olex saltou sobre mim, como aprendera, mas o estranho foi que fez isso muito antes do que eu esperava. Mal tive tempo para abaixar o braço protegido, o que foi um tanto assustador, porque o cão estava treinado para atingir uma massa central na ausência do braço: ou seja, voou para meu peito desprotegido. No entanto, estranhamente, não tive a impressão de que Olex se levantara antes do tempo, saindo de sua posição de vigia. Algo estava errado, mas ainda assim tudo parecia estar certo.

Deixando meu assistente encarregado de prosseguir com a sessão, subimos ao meu escritório para rever o que acontecera e meu palpite foi confirmado. Passando o vídeo quadro a quadro em supercâmera lenta, cada qual a 1/500 de segundo, vimos que, no quadro imediatamente anterior ao meu movimento, Olex começara a se erguer de sua posição deitada com os poderosos músculos dos ombros se intumescendo para entrar em ação. No quadro seguinte, com os cotovelos dianteiros do cachorro a apenas três centímetros do piso, comecei a me virar na direção de Reuben. Contudo, eu não poderia ter me movido em reação ao gesto de Olex porque isso exigiria uma rapidez humanamente impossível. Olex adivinhara em mim algum tipo de "movimento" que precedera o meu movimento físico real e o vídeo mostrou que ele estava certo. Embora eu estivesse imóvel no instante de sua arremetida, algo dentro de mim devia ter mudado. Olex se projetara em mim e sentira meu centro de gravidade emocional se deslocar antes que meu centro de gravidade físico o fizesse. Eu me projetara em Reuben, calculando a distância entre nós, e creio que Olex "viu" esse movimento interno ao olhar para meus olhos (essa é a atitude típica de todo cão que mantém em cheque um "criminoso", durante os exercícios de "vigiar de longe"). Com efeito, seu "eu" percorrera meu corpo em meu próprio raio subliminar de atenção interna dirigida ao meu centro de gravidade físico, uma vez que isso indicava o rumo que meu corpo tomaria. Olex vira dentro de mim com uma espécie de visão de raios X, de sonar emocional indubitavelmente acentuado pela micromusculatura de minha expressão facial, tensão muscular, dilatação das pupilas e todas as formas de mecanismo involuntário.

Dado que o grau de projeção emocional foi completo, Olex entrou em um estado de suspensão emocional: os aspectos mais sutis e microscópicos de minha postura e conduta refletiram o que ele sentia, como se estivéssemos ambos envolvidos na mesma membrana elástica. Quando eu vibrava, Olex vibrava em ressonância.

Quando um cão projeta seu centro de gravidade emocional em outro ser, sente (não pensa) que o objeto de atração é o seu próprio "eu". Não tem ideia de que a outra parte na interação é uma entidade autônoma, pois, até onde pode saber, aquela criatura integra seu próprio corpo, já que, quando o objeto de atração se move, o cão que observa sente um movimento correspondente dentro de si. Portanto, um sentimento *verdadeiro* não pode existir sem dois seres, esteja um deles presente ou não passe de uma lembrança física, acionada pelas circunstâncias externas. A natureza não faz semelhantes distinções e a consciência só tem um código para avaliar os comportamentos. Com efeito, quanto mais uma espécie evolui, mais confia na dinâmica emocional para captar sinais e codificá-los em tempo real no momento presente.

A ideia de suspensão emocional com dois corpos se fundindo em um só parece sobrenatural, mas pode, com extrema facilidade, induzir uma experiência fora do corpo mesmo em seres humanos. Segundo um relato na seção de ciência do *New York Times* (24 de agosto de 2007):

> Usando óculos de realidade virtual, uma câmera e uma vara, os cientistas induziram experiências fora do corpo – a

> sensação de sair do próprio corpo – em pessoas comuns e saudáveis, segundo estudos publicados hoje no jornal *Science*. Quando elas olhavam para uma imagem ilusória de si mesmas através dos óculos e eram tocadas da maneira correta com a vara (por meio de toques sincronizados no braço e no corpo virtual do sujeito), sentiam-se fora de seus corpos. Experiências fora do corpo, segundo relatos, ocorrem também durante a paralisia do sono, os esforços exaustivos em certos esportes e as práticas de meditação intensa.

Em 9 de outubro de 2007, o programa "Radio Lab" da NPR apresentou um quadro que mostrava como o cérebro se apercebe do corpo e o que acontece quando ambos são separados. O que me chamou mais a atenção foram as histórias de pilotos de jatos que tiveram experiências fora do corpo depois de suportar forças G extremas em uma centrífuga, às vezes vários dias após os testes.

Em outras palavras, quando se projetam em objetos de atração, os animais *sempre* se sentem fora do corpo.

A emoção não resolvida é um agregado de massa emocional composto por dias, semanas, meses e anos de energia neuroquímica que torna cada animal uma partícula carregada de consciência. Como os elétrons, veiculamos uma carga; portanto, quando nos movemos, parecemos elétrons vibrando, com cada movimento do corpo imbuído de uma energia específica, de sorte que, na verdade, criamos uma onda eletromagnética virtual, como um sinal de rádio. Aqueles com os quais entramos em contato são como rádios que captam essa transmissão invisível.

Minha tese não é de que os cães tenham alguma capacidade que os outros animais não têm, mas que, em virtude da domesticação, a mente neonatal universal pode sobreviver nos cães adultos e a bateria emocional se torna o aspecto predominante da mente adulta. Assim, o cachorro consegue dissociar o "eu" de seu quadro de referência imediato e projetá-lo sob um leque de circunstâncias bem mais amplo que qualquer outra espécie animal. A capacidade de projetar o próprio "eu" em um vasto conjunto de estímulos significa que o indivíduo não é limitado pela fiação característica de sua espécie nem confinado a expressões instintivas ou habituais. O contrário também é verdadeiro. O cão consegue, com mais facilidade, acolher o "eu" de outro em sua mente e decifrar a assinatura energética implícita em seus movimentos e atitudes.

O quê é um cão? A empatia máxima da natureza. Eles sabes de coração. Um cão é um sentimento.

PARTE IV
O cão em nossas vidas

O coração humano não fica muito tempo longe daquilo que o magoa mais. Há um caminho de volta para a angústia que poucos de nós conseguimos evitar.

- Lillian Smith, 1897-1965

CAPÍTULO 13

Os cães nunca estão errados

Ellen disse que faria qualquer coisa para ajudar seu cão, Necko, um grande pastor-de-brie adquirido ainda filhote em Paris. O problema era que Necko, agora com quatro anos, atacava táxis quando Ellen o levava para passear pelo Central Park West, em Manhattan. Tinha de colocar-lhe uma focinheira quando saíam. Tentei imaginar a cena que, segundo ela, acontecia sempre: o cão, rangendo os dentes por trás de uma máscara de couro, pulando na janela do motorista de táxi, embaçando e deixando cheio de baba o vidro, enquanto a pequenina mulher tentava segurá-lo.

Ellen consultara comportamentalistas e treinadores, mas nenhum conseguiu entender as atitudes de Necko. Ele nunca tivera experiências traumáticas com táxis; nunca vira sequer sua dona ou qualquer membro da família entrar e sair de um. Mostrava-se indiferente a qualquer outro veículo – caminhões expelindo fumaça, motocicletas barulhentas, fuscas, carros amarelos ou viaturas policiais passando a toda velocidade com as sirenes ligadas e as luzes piscando. Um comportamentalista definiu a agressividade de Necko como "idiopática" e chegou a chamá-lo de idiota quando não conseguiu responder a contracondicionamentos e outras ferramentas do ofício, como dessensibilização e prevenção de resposta.

Essas técnicas comportamentalistas às vezes funcionam. No contracondicionamento, o cão é treinado para exibir atitudes incompatíveis com as atitudes problemáticas. Como ele não consegue fazer duas coisas ao mesmo tempo e acha mais fácil fazer algo do que tentar não fazer nada quando estimulado, isso pode ter algum sucesso. Na dessensibilização, o cão recebe pequenas doses do estímulo provocador e recompensas por se mostrar dócil ou descontraído sob esse grau menor de tensão; em seguida, é levado a se aproximar cada vez mais daquilo que o angustia, até ficar perto o suficiente para não considerar aquela experiência tão má assim. E há a prevenção de resposta ("inundação"), quando o cachorro é simplesmente imerso naquilo que provoca seu medo ou agressividade; a imersão faz com que o "gatilho" apareça no radar, pois não há nenhum contexto do carregamento que o cão tenha associado ao advento da situação ou estímulo perturbador. Assim, o cão não consegue gerar uma resposta e, quando nada de verdadeiramente mau lhe acontece, espera-se que acabe por se acostumar àquilo que o perturbava.

Todavia, por mais bem-sucedidas que sejam essas abordagens, a meu ver nenhuma delas encara o problema fundamental de um cachorro: como carregar sua bateria emocional, feita para desempenhar uma função específica no esquema evolucionário das coisas. Nos próximos capítulos, explicarei como isso funciona no mundo real, com exemplos de treinamento e problemas concretos dos cães.

Qual é o problema fundamental no sistema evolucionário das coisas? Se um cão carrega 200.000 volts de carga emocional em seu corpo/mente, então precisa despender 200.000 volts de energia para chegar ao estado de saciedade, e o faz superando 200.000 volts de resistência. Até obter o equilíbrio emocional, muitos cães de natureza robusta, como Necko, não responderão às técnicas acima mencionadas. Aparentemente, o problema de Necko era grave demais para se enquadrar em qualquer das terapias comportamentalistas. Quando Ellen me contou que Necko era atraído sobretudo por táxis com os faróis acesos, percebi o que estava acontecendo. Vislumbrei qual camada ou valor os táxis passaram a ocupar na bateria emocional do cachorro.

O comportamento de Necko em relação aos táxis é um exemplo perfeito de cães emocionalmente energizados e suscetíveis a "gatilhos grupais", ou seja, sua atenção é cativada por um foco coletivo e não por instintos ou reflexos condicionados. Necko "caçava", com seu impulso obedecendo aos parâmetros emocionais que orientam os lobos nas caçadas: o táxi era a presa específica (eles têm dois "olhos" e quatro "pernas") que corria no meio de um rebanho apinhado no fundo do vale, entre paredes intransponíveis, escarvando o chão nervosamente, descontrolado, já sem confiança em seu posto nas fileiras e prestes a empreender a fuga. É aquele o escolhido para ser "morto". O táxi quase derrapa no asfalto quando faz uma curva ou freia repentinamente; parece "ferido" quando suas portas se abrem ou fecham para em seguida retomar a fuga.

Trabalhando com Necko ou qualquer outro cão que apresente esse perfil, o primeiro passo no processo de reabilitação consiste em ensiná-los a empurrar minha mão vazia, resistente ao seu esforço, para pegar o alimento em minha outra mão. No começo, vendo o alimento em minha mão direita, o cachorro avança contra mim para apanhá-lo. Então, coloco a mão esquerda vazia em seu pescoço e o massageio enquanto ele come um petisco que tiro de uma bolsa presa ao cinto e de fácil acesso quando necessário. Durante o programa de treinamento, eu só o alimento dessa maneira. Quando o cão vem para cima de mim, eu ponho a mão esquerda em seu peito e o empurro para que ele pressione mais forte a fim de pegar a comida em minha mão direita. Se ele interrompe a mastigação para observar a mão em seu peito, minha resistência aumenta. Mas se vou devagar e, aos poucos, aumento a pressão sem anular o impulso do cachorro, em alguns dias ele empurra com tanta violência que chega a sair do chão e luta com todas as suas forças para apanhar o alimento em minha mão. Segundo meu modelo, isso significa que ele está liberando energia de sua bateria emocional e, portanto, o medo sempre associado à emoção não resolvida. Essa energia é a mesma que intensifica o comportamento de agressão aos táxis. Em outras palavras, o cão aprende a me dar a energia com que agride.

Agindo assim, eu me torno gradualmente um objeto de "resistência" que, na percepção do cachorro, fica tão forte quanto um táxi. Foram necessárias três semanas alimentando Necko pelo processo de "empurrar" para que essa equivalência se estabelecesse.

O próximo passo é transferir o mesmo impulso para um cabo de guerra a fim de imitar mais perfeitamente o reflexo de derrubar a presa no chão, constante do repertório de caça dos cães. Trata-se de uma boa maneira de reproduzir esse movimento. Coisa interessante, quando o instinto de presa de um cão é canalizado para algo mais que brincar com o dono, ele não brinca. Mas depois que atinjo um bom "empurrão" na rotina de alimentá-los, muitos cães voltam a se divertir com brinquedos. Quando Necko agarrava firmemente a corda para brincar de cabo de guerra, primeiro eu me afastava dele, o que o encorajava a arrastar o brinquedo em minha direção. Eu então o empurrava como fazia para alimentá-lo e me afastava de novo, obrigando-o a esforçar-se para não ceder. Logo ele estava empurrando o brinquedo contra mim como empurrava minha mão para obter o alimento, pois fazer contato e superar a resistência é a maneira pela qual os cães liberam o estresse de sua bateria emocional. Esse é um comportamento de autorreforço, já que esgotar a bateria constitui a definição canina de satisfação e plenitude.

O significado do exercício do cabo de guerra é que ele reproduz exatamente a derrubada da presa: o cão vai direto à massa central da vítima, agarra alguma coisa com as mandíbulas, morde-a o mais forte que consegue e se alinha com seus "companheiros de equipe", no caso eu. Ou seja, o cão aprende não a lutar contra o dono, à maneira de Necko contra os táxis, mas a lutar *com* o dono.

Alguns especialistas talvez considerem as técnicas acima um incentivo à agressão. No entanto, a meu ver, foram os anos de combate à agressividade de Necko, antes que ele viesse a mim, os responsáveis por essa resposta exagerada aos táxis. Minha premissa é de que apenas o "impulso de luta" do cão pode resolver as camadas mais profundas de emoção não resolvida armazenadas em sua bateria emocional; além disso, se o dono não é a resposta ao problema, então, na mente do cachorro, por exclusão, ele se torna parte do problema. Aliás, o impulso de luta não é no fundo uma atitude antissocial ou mesmo, necessariamente, agressiva; um violinista precisa de tanto impulso de luta para dominar seu instrumento quanto um boxeador para ganhar o cinturão de campeão – se não mais. Por exemplo, quando um cão luta com todas as suas forças por uma corda, no brinquedo do cabo de guerra, não precisa agredir outros cães para obter o que quer. Se ele apenas o segurar na boca, como manifestação de uma força interna de desejo, os outros cachorros o deixarão automaticamente em paz. Quando um cão sabe bem como curvar o mundo à sua vontade, podendo ter um objeto sempre que "queira", não fica ansioso nem obcecado por ele. Ao contrário, os cães que desafiam outros cães, tentam tomar seus brinquedos e protegem intransigentemente o que possuem, não desejam um objeto, *precisam* dele.

Ao mesmo tempo, enquanto uma nova definição de caça se enraizava no corpo/mente de Necko, ele aprendia também a acompanhar, sentar-se, deitar-se e parar ao toque de minha mão, que adquirira um intenso valor emocional graças ao treinamento de resistência. Esses passos progressivos foram dados em minha fazenda de Vermont, restando apenas juntar as peças na casa da dona.

Como sempre, comecei pela primeira lição: ver o táxi, elogiar o cão, esperar que ele se virasse para mim e olhasse nos meus olhos, em suma, "o negativo como acesso ao positivo". Estabelecido esse vínculo emocional, Necko correu em minha direção atrás de comida. Acompanhar, sentar-se, deitar-se, ficar parado, procurar o brinquedo, mordê-lo e arrastá-lo à volta – com as luzes mudando, os táxis indo e vindo pela avenida, entrando e saindo do parque... toda essa energia era canalizada pelo corpo/mente do cão como por um tubo, enquanto eu passava a ser o centro de seu universo.

Certa vez, Necko avançou para mim com o mesmo ímpeto com que perseguiria um táxi em movimento; deixei-o levar a melhor e voltamos ao prédio, com ele carregando o brinquedo pelo saguão até o elevador e dali para o apartamento, do mesmo modo que a fera regressando ao covil com a caça entre os dentes. Peguei o bendito brinquedo e guardei-o no vestíbulo até a próxima caçada.

Eu, na verdade, não estava ensinando Necko a não perseguir táxis; estava treinando-o para caçar outra espécie de presa, do tipo a que só eu poderia dar vida. Como o cão não se importa com o que acontece, mas com o que sente, pouco importava a Necko não conseguir matar um táxi. Importante era que sua bateria emocional, contendo toda aquela voltagem, toda aquela memória física de frustração, fosse drenada e consumida. Essa foi a chave da descoberta de Pavlov. Quando o cão ouvia a campainha, salivava mesmo não tendo ainda alimento na boca. Não precisava disso para degustar o sabor da carne. Do mesmo modo, ao cão só importa que, havendo 2.000 volts na bateria, ela se esgote completamente brincando comigo ou derrubando um alce, de sorte que não precisa ter o alce entre as mandíbulas quando a poeira assenta. Emocionalmente, é a mesma coisa.

Sentar, deitar, permanecer quieto ou atender a chamados, enfim, todos os comportamentos desse tipo, depois que se integram ao jogo do cabo de guerra, se tornam parte da sensação de derrubar uma presa. Sem dúvida, há precedentes naturais para esses elos porque, quando caçam, os lobos reproduzem ao pé da letra tais comportamentos nas várias etapas da ação. Não tentamos arrebatar a energia do cachorro, mas apenas mostrar-lhe o que fazer com ela de um modo consistente com seu temperamento, a domesticação de cães e a evolução em si do lobo.

A quem ou a o quê deve Necko sua sensação agradável? A mim, mas também ao táxi responsável por sua atitude. De repente, o táxi se tornou parte de um sentimento bom, de uma onda suave de prazer. Táxis são gratificantes e não frustrantes; e, como um cão tem uma bateria emocional de alta capacidade, ele pode conservar um sentimento bom e aplicá-lo a outras situações. Por fim, Necko via um táxi, virava-se para o acompanhante na expectativa de se desvencilhar e ouvia: "Não, agora não, a caça não está pronta" – e aguardava pacientemente a próxima vítima. Vale notar que os lobos, segundo consta, só matam um alce a cada treze tentativas; mas isso não é problema para o lobo vigoroso, como não é para o batedor que atira a bola e corre o mais que pode para interceptá-la. Da mesma forma, o cachorro tem a capacidade, devido à sua bateria emocional, de preservar uma sensação de êxito e ressonância com o ambiente, ainda que precise enfrentar negativas em bases regulares.

A cada sessão na rua, Necko se tornava mais e mais dócil, até perder por completo sua birra com táxis. Eu era agora a coisa mais excitante para ele no planeta e, portanto, quem ele mais desejava servir. O traço distintivo de meu método é o reconhecimento da bateria emocional que tem de superar uma resistência para voltar ao ponto neutro. Necko não apenas deixou de perseguir os táxis como começou a brincar com outros cachorros, até com seu arqui-inimigo, o medroso poodle do fim da rua, e isso porque sua bateria fora "reformatada" para ele se sintonizar com uma expressão de caça que nos tornava a ambos felizes. Assim, todos os aspectos de seu mundo – outros cães, pessoas chamando táxis – passaram a integrar esse sentimento bom.

Brincar e morder tornou-se o gatilho grupal em lugar dos táxis – já que, neste último caso, o humano na equação não pode interagir com o cachorro e, no primeiro, pode. Ora, o impulso mais forte no cão é o de estabelecer a harmonia.

Hoje, o item doméstico que um filhote mais gosta de mastigar é o controle remoto da TV. Do ponto de vista do cãozinho, essa peça de plástico é o que o grupo deseja, pois todos se alinham em torno daquilo que é alvo dos olhos e das mãos do dono. Os cachorros conseguem apurar antigos instintos segundo parâmetros grupais, motivo pelo qual gostam de andar de carro – já que todos no grupo estão voltados para a mesma direção, balançando e trepidando em sincronia nos assentos – e se adaptam tão bem aos costumes humanos.

Os cães nunca estão errados

Quando comecei a trabalhar como treinador de cães na Universidade Canina de meu pai e percebi o tremendo impacto do instinto de presa na psique desses animais, costumava pensar que qualquer ato deles, causador de problemas – agressão, sujeira ou desobediência –, era "o" problema. Não por culpa dos próprios cães, é claro; julgava que o dono é que precisava receber lições sobre o cão e o modo como o cão aprende. Minha tarefa consistia em ajudar o homem mostrando como o instinto de presa afeta a natureza do animal e o acalma. Considerava o cão um ser independente, autônomo, inteligente – e, por isso, procurava entender e solucionar seu comportamento. Quando reeducasse o dono e controlasse o cachorro, "o" problema estaria resolvido. Salvei a vida de muitos cães graças a meus métodos heterodoxos, porém ainda não atinava com a concordância emocional que existe entre um cão e seu dono. Era convencional porque ainda pensava em resolver "o" problema.

Quase sempre os cães aprendem e é fácil para o treinador ou o dono assumir o crédito pelas boas graças sociais deles. Mas a verdade é que um cachorro com problemas nos oferece a melhor oportunidade para compreender o que realmente torna um cão submisso. O comportamento problemático, bem como tudo quanto fuja às normas, nos permite uma visão clara do modo como o cão reflete as emoções e os sentimentos reprimidos do dono.

No início dos anos 1980, importei um espetacular pastor da Alemanha, Wotan, o tipo de cachorro com que todo policial sonha. Era enorme, mas ágil. Cabeça grande, ossatura forte, pigmentação rica e uma máscara facial escura que realçava os dentes poderosos, brancos e brilhantes. Cairia bem no banco de trás de um carro de polícia. Entretanto, não entraria para o serviço policial, pois o vendi a um homem chamado Ted, para proteção de sua família.

Trabalhamos juntos várias semanas antes que Ted o levasse. Wotan sempre obedecia ao dono. No entanto, um belo dia, o sócio de Ted – com quem ele iria abrir um restaurante – chegou para pegar um cheque de cinquenta mil dólares (a parte de Ted da taxa a ser paga à comissão estadual de controle de bebidas). Quando o homem entrou, Wotan saltou sobre aquele grandalhão de quase 1,90 m de altura e abocanhou-lhe o ombro com tamanho ímpeto que o coitado caiu de costas. Não o mordeu nem chegou a rasgar seu paletó: apenas abocanhou seu ombro. Em seguida, curiosamente, Wotan começou a ganir enquanto o mantinha imobilizado.

O dono mandou o cão parar, mas ele não o ouviu. Ted precisou arrancá-lo de cima do sócio para que este pudesse se levantar. Logo eu recebia um chamado telefônico de Ted. Respondi pedindo que ele marcasse outro encontro com o sócio, ao qual eu também estaria presente, para poder estudar a reação do cachorro e tomar providências a fim de resolver o caso. Mas não deixei de confessar-lhe que estava intrigado com o fato de Wotan ter latido e não mordido. Foi como se ele quisesse morder e não conseguisse;

alguma coisa o estava travando. Essa "alguma coisa" poderia estar relacionada à "desobediência" de Wotan? Ted concordou que os latidos pareciam mesmo estranhos. E, antes de desligar, prometeu marcar um encontro com o sócio, ao qual me convidaria.

Naquela mesma tarde, ligou-me de novo para pedir que eu não me preocupasse: não havia nada de errado com Wotan. Seu sócio em potencial se apresentara como ex-agente do FBI e ex-policial de Connecticut. Mas, cauteloso que era, Ted sempre mandava investigar aqueles com quem pretendia fazer negócios. Não recebera ainda o relatório quando o homem viera buscar o dinheiro e, como não pretendia entregar uma soma tão grande sem estar bem informado, Ted planejara uma desculpa para não preencher o cheque. Wotan, ao que parecia, adivinhara tudo. O tal homem nunca fora agente do FBI e deixara a polícia estadual com a ficha suja.

Apesar de ter mandado investigar o possível sócio, Ted não tinha nenhum motivo especial para suspeitar dele; na verdade, até simpatizara com o malandro, embora estivesse na iminência de ser enganado. Já Wotan não precisou de investigação nenhuma. Minha interpretação é de que ele adivinhou intenções criminosas no homem porque sentiu "algo de estranho" em seu perfil emocional. A linguagem corporal do estranho, acredito, não estava emanando de seu coração, mas sim de seu cérebro. Porém, como não agia abertamente de maneira criminosa nem ameaçadora para com Ted, Wotan não se julgara autorizado a morder. Não o fez, mas, pressentindo o perigo, pusera-se a latir. Essa foi a primeira e última vez que Wotan não ouviu Ted e, penso, foi também a primeira conversa em que pronunciei uma frase há muito entalada em minha mente: os cães nunca estão errados.

Essa frase nasceu da observação da impressionante capacidade de cães de guarda e policiais que treinei para discernir intenções criminosas nas pessoas. Um desses cães, no primeiro dia de trabalho, estava no banco de trás da viatura que se aproximara de um grupo de jovens. Muitos rapazes e moças se reuniam ali apenas para se divertir, mas um deles era conhecido como traficante de drogas e devia estar no local a negócios. Fora preso várias vezes por agressão e danos à propriedade. Passando a certa distância na viatura, o policial ficou assombrado quando o cão percebeu o rapaz no grupo e constantemente se virava no banco para não perdê-lo de vista, enquanto o suspeito ia ficando cada vez mais nervoso com aquele cachorro enorme que parecia ler seu íntimo.

No final dos anos 1980, tive uma experiência semelhante à de Ted com Wotan. Contratei um pedreiro, Bill, para me ajudar a construir um pátio. Bill faria a parte que exigia habilidade profissional e eu ficaria com as tarefas mais simples; pagando-o por hora, economizaria assim um bom dinheiro. Após alguns dias trabalhando juntos, Bill se abaixou para pegar uma pá e meu cão Harras fez quase exatamente o que Wotan fizera: saltou e abocanhou-lhe o braço. Embora não o derrubasse, manteve-o preso e começou a ladrar como Wotan. Fiquei perplexo, pois durante todo aquele tempo Harras nunca estranhara Bill. Como os ganidos eram muito esquisitos, não o repreendi por agredir o pedreiro, mas, por uma questão de segurança, tranquei-o em casa. Isso lhe deu tempo para se acalmar e, a mim, de refletir sobre o que acontecera. Quando contei a Agi o incidente, ela me lembrou: "É como você diz sempre, os cães nunca estão errados".

Até então, eu confiara plenamente em Bill. Nós o deixávamos sozinho com a casa aberta para a eventualidade de precisar de alguma coisa e, mesmo depois do incidente com Harras, não me preocupei muito com a possibilidade de ele me roubar. Mas comecei a pensar no assunto. Dias depois, levamos nossos filhos ao zoológico do Bronx, deixando Bill com seu trabalho. Como me ocorreu a "advertência" de Harras, antes de sair contei os tijolos que seriam assentados. Quando voltei, vi que Bill assentara apenas nove. Devia ter dado uma escapadinha.

Uma semana depois o pátio estava pronto e Bill me apresentou a conta. No dia do zoológico, ele me cobrou oito horas de trabalho, o que correspondia a um tijolo por hora. Bom sujeito, aquele Bill: não invadiu minha casa nem me bateu na cabeça com a pá para me roubar dinheiro. Mas, no entender de Harras, queria me roubar de qualquer jeito. Algo em Bill não tinha condutividade.

Recentemente, ouvi uma entrevista de Frederick Kaufman, autor de *A Short History of the American Stomach* [Pequena História do Estômago Americano], na NPR. Explicando como a televisão utiliza processos subliminares para manipular os telespectadores, ele disse: "O cérebro entérico governa as ações exercidas pelos músculos do esfíncter no corpo todo; o corpo obedece aos músculos anelados que formam o trato digestivo. Eles estão nas pupilas de seus olhos, eles estão em seu coração. E também, é claro, em seus órgãos sexuais. Portanto, a estrutura da pornografia é muito similar à dos comerciais de alimentos na televisão, pois ambos são concebidos para estimular algum tipo de resposta automática ou autônoma".

Para mim, esse sistema de válvulas em anel é a base de uma condutividade emocional ampla. Quando um animal se sente em harmonia com o ambiente, os anéis se expandem para que os hormônios fluam, os movimentos peristálticos se aceleram, as pupilas se dilatam, os órgãos pulsam livremente; tudo isso se manifesta na linguagem corporal e na redução da tensão que subjaz ao modo como o indivíduo move seu corpo. Quanto mais condutivo emocionalmente outro cão ou pessoa parecer, mais um cão se sentirá "recebido" quando projetar seu centro de gravidade emocional naquela criatura. Mas, havendo algum bloqueio na disposição da pessoa – um bloqueio, em outras palavras, entre seus dois cérebros, de modo que a energia nervosa não mais seja digerida pelo cérebro pequeno nem mantenha ressonância com o cérebro em rede (coração) –, o cachorro sentirá um enrijecimento na mecânica de seu próprio corpo e essa carga o porá em guarda. Creio que os cães percebam quando as válvulas estão fechadas ou abertas e que essa seja sua informação de primeira ordem para conseguir se conectar com elas. Se, por exemplo, um animal põe na boca algo digerível, sente que sua função de onda peristáltica está em perfeita ordem nos intestinos; ele percebe o que está mastigando pelo olfato ou outro sentido qualquer e "sabe" o que ocorrerá caso o engula. Se, no entanto, ingerir algo prejudicial, o intestino se convulsionará violentamente para expelir o que considera estranho a ele. Daí por diante, o cão não precisará comer algo indigesto para sentir que lhe fará mal se ingerido. Só de olhá-lo já sabe que não lhe convém, que seu intestino se contrairá e o expelirá com força. Assim, todo ingresso sensorial que produz sensações no cérebro precisa ser checado pela conexão cérebro-intestino para ser registrado como função de onda regular e, portanto, "metabolizado". Para que um ingresso externo se internalize, para que a energia potencial entre no sistema sem destruí-lo, tem de ser registrada como função de onda regular a fim de satisfazer o princípio da condutividade emocional.

Essa é uma maneira mais completa de compreender como reabilitei Necko, o cão caçador de táxis. Tive de me transformar em "caça" para induzi-lo a brincar de cabo de guerra quando os táxis passassem, de forma que tudo à sua volta lhe parecesse em movimento. Como as válvulas sensuais estavam abertas, não havia mais aquele senso estático de estagnação, com a energia aumentando dentro da cabeça do cachorro à semelhança de uma panela de pressão forçando a tampa até arrebentá-la.

Tornei-me o problema de Necko para ajudá-lo a superar seu problema. Depois que o treinei para morder o que queria que ele mordesse, entramos em um acordo quanto à natureza do que ele devia caçar. Desde então, quando avistava um táxi, Necko sentia a *mim*. Eu lhe aumentara a capacidade emocional. Ele podia sentir *o que eu queria*, isto é, o brinquedo em minha mão. O cão pôde resistir a alguns milhões de anos de evolução do instinto e a anos de condicionamento de hábitos: sente-se lisonjeado quando uma caçada tem sucesso.

Contudo, havia dois aspectos no episódio de Necko que eram particularmente curiosos e com os quais, na época, eu não soube lidar. Quanto mais o cão aprendia, mais Ellen ficava preocupada. Começou a não fazer caso de sinais óbvios de melhoria, minimizando, por exemplo, seu desejo de brincar com um cão para o qual, conforme me dissera, costumava assobiar quando se cruzavam na calçada. Começou também a sair da rotina que estava funcionando. Pedi-lhe para não deixar o cão subir nos móveis e para prestar atenção à sua dieta em casa; ela deveria ainda mostrar afeto por ele só quando estivessem fora ou brincando (também fora). Ellen infringiu todas as recomendações, alegando não ser importante o cão passear calmamente sem coleira a seu lado em vez de parar e farejar cada hidrante, cada poste e saco de lixo que outro cão houvesse marcado. Achava o novo regime militarista e repressivo demais. Logo perdi contato com ela, depois que não seguiu o treinamento recomendado. Algo mais profundo, que eu ainda não descobrira, estava acontecendo. Eu me dedicara à mecânica do comportamento de Necko, mas não à questão subjacente, que era a outra parte enigmática do problema: por que só Necko, entre dezenas de milhares de cães em Manhattan, atacava táxis? Se todos mimetizavam uma manada em fuga, por que os outros não agiam da mesma forma? Os cães da cidade veem pessoas chamando táxis, entrando e saindo de vários tipos de veículos e isso nunca ou quase nunca os excita.

Nunca saberei a resposta, pois Ellen não quis continuar com o treinamento. No entanto, durante nossa primeira consulta, contou que anos antes fora atacada na Europa. Não pedi detalhes para não constrangê-la e porque o episódio parecia não ter nada a ver com o treinamento de seu cão. Mas ela tocou no assunto e, no fundo, talvez quisesse discuti-lo. Hoje, eu consideraria o fato muito importante e, na verdade, diretamente ligado ao que estava acontecendo com seu cão. Eu lhe perguntaria, por exemplo, o que achava de motoristas de táxi.

Na época, presumi que Necko reagia apenas a táxis. Atualmente, penso que ele, mais provavelmente, respondesse a uma reação da dona. Segundo o princípio da condutividade emocional, a primeira coisa que um cachorro analisa em qualquer situação é o processo emocional profundamente enraizado no dono. Se alguma coisa altera nosso sistema de orientação interno, interrompendo ou comprometendo o maquinismo visceral da digestão e do equilíbrio físico, o cão sente essa perturbação, ainda que nós mesmos não a percebamos. O cão pode sentir quando os intestinos do dono não estão se movimentando; e quando algo não se movimenta, abre-se uma lacuna na consciência do animal. O homem, intelectualizado que é, consegue preencher a lacuna com pensamentos e, como estes são o aspecto mais superficial de nossa mente, não percebemos a lacuna que estamos preenchendo; mas, para o animal, esse momento de descontinuidade é a coisa mais assustadora que possa existir, pois representa uma separação do "eu".

Entretanto, embora nós humanos possamos preencher a lacuna com pensamentos, o animal dentro de nós continua a agir. Se nosso sistema involuntário é afetado por alguma coisa ou pessoa em nosso ambiente, desviamos nosso raio subliminar daquilo em que nossa mente está concentrada e o voltamos inconscientemente para aquilo que nos afeta. O animal dentro de nós toma nota de tudo com o máximo cuidado – e nosso cão faz o mesmo. Hoje, acredito que toda vez que Ellen via um táxi seu sistema emocional ficava abalado, até Necko finalmente fazer a conexão. Tentou, pois, solucionar o problema do modo como os caninos evoluíram para resolver qualquer emoção não resolvida: concentrando-se na carga mais forte e transformando-a em ação grupal sincronizada. Ellen tinha a carga e Necko podia senti-la. Por mais que o comportamento do cão assustasse Ellen e tornasse sua vida difícil, suponho hoje que ele estivesse reagindo e protegendo a dona do modo como esta queria. Como treinei Necko para não fazer mais aquilo, Ellen interrompeu nosso relacionamento, pois no fundo não suportava que eu impedisse seu cão de protegê-la.

Desde que trabalhei com Ellen e Necko, comecei a perceber que essa situação é bastante comum. Muitos donos sentem a necessidade de subverter um treinamento que está funcionando porque as atitudes problemáticas do cachorro são agradáveis para eles, para sua mente animal. Agora sei que o relacionamento de uma pessoa com seu cachorro espelha tudo que ela já sentiu em seu coração.

CAPÍTULO 14

FALA GRUPAL: O QUE OS CÃES REALMENTE DIZEM

"Ah, se eles falassem!". Ao longo dos anos, ouvi essa frase milhares de vezes. Todos querem saber o que passa pela cabeça de seus bichos de estimação e muito estudo já foi dedicado ao assunto. Mais e mais donos andam consultando comunicadores animais na esperança de que eles lhes revelem os pensamentos de seus cães. As listas de *best-sellers* estão cheias de títulos como *The Hidden Life of Dogs* [A Vida Secreta dos Cães], *The Mind of the Dog* [A Mente do Cão], *The Intelligence of Dogs* [A Inteligência dos Cães], *How to Be Your Dog's Best Friend* [Como Ser o Melhor Amigo de Seu Cão], *Dog Talk* [Conversas de Cachorro] e, o que não chega a surpreender, *If Only They Could Speak* [Ah, Se Eles Falassem!].

Eu, porém, ouso afirmar: já sabemos o que os cães dizem. Só o que precisamos fazer é vê-los como encarnações físicas – que vivem, andam e respiram – daquilo que seus donos sentem. Assim, podemos nos familiarizar com um novo tipo de linguagem: não uma conversa de cães, mas uma "fala grupal".

A analogia mais fácil é a da "gangorra" emocional que já mencionei. Na gangorra, a posição de um opõe-se à de outro; no relacionamento entre cão e dono, o que o dono sente se torna igual e contrário ao que sente o cão. Entretanto, neste caso, "vemos" e consideramos apenas um dos lados da gangorra, o cachorro. Acontece que, observando o cachorro, podemos saber o que acontece no outro lado; se um dos dois está "em cima", o outro tem de estar "embaixo". O ser humano pode esconder, negar, mascarar e disfarçar o que sente, mas não engana seu cão. A este pouco importa o que seu dono diga, faça ou pense: ele só se interessa pelo que acontece internamente, no nível mais profundo da experiência emocional da pessoa. E, como não são capazes de ocultar o que sentem, os cães são fáceis de decifrar – isto é, caso não projetemos pensamentos naquilo que estão fazendo.

Todos os animais são ótimos para ler as emoções "ocultas" de outros animais. Há alguns anos, nosso gato de família, Boone, era meu mais confiável detector de emoções; era também o único gato que jamais conheci atraído por cães e até por raposas. Então, recebi para alojar um *rottweiler* chamado Judo que brigava com outros cães e matava gatos. Nas duas primeiras semanas de treinamento, passeando eu com Judo pela fazenda, o onipresente Boone não estava em parte alguma. De vez em quando eu via o bichano voltar para casa após uma caçada, escondendo-se em qualquer canto como um soldado de regresso de uma patrulha esgueirando-se pela linha de escaramuça. Outras vezes, Boone ficava o dia todo no celeiro e só saía quando os cães já estavam recolhidos para a noite. A princípio, julgamos que as raposas estivessem perseguindo Boone, mas um dia eu o vi percorrendo centenas de metros sobre muros de pedra até saltar no local onde viviam as raposas, que logo se puseram a rosnar e a babar. Boone procurava fazer contato e não o contrário. Chegava a subir na cobertura das baias e olhar para baixo a fim de calcular por onde andaria no canil. Mas agora com Judo, o matador de gatos, no pedaço, Boone pressentira o perigo e se tornara invisível.

Por cerca de quinze dias trabalhei com Judo, ensinando-o a superar minha resistência, usando a mesma técnica de empurra-

-empurra pela qual eu negava ao cachorro a comida em uma de minhas mãos até ele vencer a pressão exercida pela outra. Depois, brincava de cabo de guerra, que transformei em "empurrão de guerra": o cão tenta empurrar o objeto mordido para mim em vez de puxá-lo. Isso ajudava-o a relaxar os músculos dos ombros e abrir a válvula do coração. Certo dia, notei Boone tomando sol nas grandes rochas achatadas que ladeiam nosso pátio, algo que não o via fazer há semanas. Achei aquilo interessante; conduzi Judo a uma distância de cerca de seis metros do pátio e parei. Boone e Judo fizeram contato visual e então Boone se levantou de seu lugar quentinho, caminhou diretamente para nós e, enquanto eu segurava Judo firmemente pela coleira, estacou bem debaixo do nariz do cachorro. Arqueou as costas e começou a se esfregar na parte de baixo do focinho do cão, em seu peito e pernas da frente. Com o mesmo movimento fluido, passou para a parte traseira, enquanto o cachorro permanecia imóvel, estirou-se e agitou as patas brincalhonamente. Deixei então que Judo farejasse a barriga macia de Boone – pois sabia que Boone sentia algo com relação a Judo que eu não era capaz de sentir. Ele podia ler seu coração.

Em se tratando de um cão e seu dono, minha ideia é que qualquer sentimento que o dono não queira ou não possa expressar, o cão se sentirá forçado a expressá-lo por meio de sua personalidade e seu comportamento para manter a coesão emocional do grupo. Cão e dono estão conectados em uma mente grupal e o cão age do modo que for necessário para manter as emoções fluindo.

Ficou claro para mim após anos de treinamento, e tornou-se a base de minhas concepções dos capítulos anteriores, que os cães não podem fazer e não fazem distinção entre seu equilíbrio emocional e seu equilíbrio físico. Nos cães, as emoções sempre geram atos ou respostas físicas, que podem ser lidas como uma linguagem, como se o animal estivesse falando, pois na verdade ele está tendo uma "conversa" com a mente grupal. Assim, se o dono está fora de equilíbrio em um ponto, o cachorro compensa isso passando ao ponto igual e oposto. Observando bem o que o cachorro faz, descobrimos o que acontece no coração daquele com quem ele está emocionalmente envolvido. É a isso que chamo "fala grupal". E é por isso que é tão importante não avaliar o comportamento de um cachorro como expressão de uma inteligência ou mente autônoma, pois dessa forma não percebemos o que o comportamento do cão está realmente exprimindo.

Como disse, acho inexato e enganoso o modelo de "dominação" e "submissão" que hoje procura explicar o comportamento canino. Tentemos traduzir essa dinâmica para a "fala grupal" e ver que mensagem captamos. Isso é bem diferente daquilo que os especialistas em cães nos dizem.

Quando o dono é "dominador", seguramente seu cachorro se torna "submisso". Mas ele não está exprimindo respeito pelo dono como seu líder de matilha. Ao contrário, está exprimindo, por meio de uma linguagem corporal hesitante e experimental, o medo que o dono sente, que por sua vez oculta o medo e a insegurança recorrendo a uma abordagem autocrática, excessiva, do tipo "quem manda aqui sou eu". No entanto, em tudo o que faz, comunica por empatia medo ao seu cão; de abrir uma porta a atender um telefonema, qualquer ato do dono contém o elemento medo. Caracteristicamente, essa espécie de dono nunca tem consciência do medo e não aceita com facilidade que o medo do cão seja o seu próprio. Devido a essa impossibilidade de autoaceitação no dono, o cão deixa seu medo absolutamente claro por meio de comportamento e linguagem corporal camuflados. O cão não diz "Estou com medo", diz "Estamos com medo". Por fora, a pessoa dominadora pode parecer rude e durona, com firmeza e autoconfiança de sobra; mas seu cão não mente nunca. No fundo, essa pessoa tem tanto medo da livre expressão das emoções quanto seu cachorro quando se encolhe a um canto sob o olhar inflexível do dono.

Em contrapartida, quando o dono é "submisso" ou inseguro para com seu cão, o animal de estimação tende a tomar as rédeas, a se mostrar tirânico e "superprotetor" – as marcas clássicas do chamado cão "dominador". Ele não está, porém, tentando firmar sua liderança na matilha, desempenhando esse papel só porque seu dono não consegue dominar. Está exprimindo a raiva contida do dono, que não apenas é brando demais com o cão como se mostra tímido no mundo. Emocionalmente, essa pessoa é controlada com a maior facilidade, não tem vontade própria, é incapaz de se expressar de maneira direta, um capacho emocional que só faz o que os outros querem e esperam que faça. Pode parecer calma, amistosa e muito satisfeita consigo mesma; mas, no fundo, é irrequieta. Como no caso do dono dominador, provavelmente ignora suas emoções ocultas e raramente as expressa. Os cães, no entanto, criaturas sociais por natureza e evolução, sempre põem para fora os sentimentos mais entranhados de seu grupo.

Sempre me impressionou o fato de o comportamento canino ser uma expressão acurada da "mente grupal" que o cão partilha com seu dono; e os donos invariavelmente ficam admirados ao notar que seus cães conseguem ver além da imagem que eles apresentam ao mundo. Susan, uma de minhas clientes, me perguntou por que seu cão era tão carente: vivia solicitando sua atenção, seguindo-a pelo apartamento, etc., etc. Isso a incomodava muito. Expliquei-lhe que, na natureza, "o igual atrai o igual", e sugeri que seu cão era carente porque ela também o era e também incomodava amigos e familiares por isso. Ela franziu as sobrancelhas, mas depois um sorriso de compreensão inundou seu rosto: "Quer dizer, como quando deixo dez mensagens na caixa postal de uma amiga só porque faz algum tempo que não a vejo?".

Susan percebeu que a carência de seu cão afetava-a exatamente como sua própria carência afetava os amigos. Ela tivera um desejo positivo, o impulso de conectar-se com a amiga que, agora, reconhecia como medo, como sentimento de inadequação: "Tenho medo de não ser querida". Depois de constatar esse fato, foi fácil para Susan mudar de hábitos – e, como ela mudou, seu cão mudou também. Em caso de reincidência, lá estava seu cachorro para adverti-la.

Uma mulher me ligou querendo saber por que seu cão de onze anos começara, de uma hora para outra, a urinar [*piss*] atrás da mesa do computador, arrancando os fios da tomada para se enfiar naquele espaço exíguo. O veterinário não achara nada de errado no animal, que sempre fora muito obediente. Durante a conversa, fiquei sabendo que o filho de vinte e oito anos da mulher voltara há pouco para casa e ela ficava "de saco cheio" [*pissed off*] ao vê-lo passar horas diante do computador, surfando na internet e distraindo-se com jogos em vez de sair para procurar emprego. Pelo tom de sua voz, percebi que ela entendera tudo e acreditei em suas palavras quando disse que teria um colóquio de coração para coração com o rapaz.

Outra mulher me mandou um e-mail pedindo-me para explicar o seguinte incidente. Mantinha várias salamandras em um terrário. Seu pastor alemão fora treinado para rastrear e, a um sinal da dona, comprimia o focinho contra a parede do recipiente na direção de qualquer salamandra que ela indicasse pelo nome. Um dia, uma delas desapareceu, tendo aparentemente se esgueirado para fora quando um ramo dentro do vidro alcançou a borda. A dona pediu então ao cachorro que a encontrasse. Ele enfiou o nariz no tapete, como sempre fazia ao rastrear, e foi farejando até a porta, atravessou o corredor e entrou no banheiro, postando-se junto do ralo da banheira. Ao que tudo indicava, a salamandra saíra em busca de água; fazia sentido: caso encerrado. No entanto, dias depois, ocupada com uma pilha de roupas na outra extremidade da casa, ela deparou com o corpo seco da salamandra desaparecida. O cão teria lhe dado uma pista falsa?

Sabendo que a lógica linguística e a lógica emocional são praticamente sinônimos – e é por esse motivo que as crianças temperamentais levam tudo ao pé da letra –, fiquei intrigado. O que teria atraído o cão para o ralo da banheira?

Preparando um cachorro para rastrear, muitos treinadores começam por esconder um objeto pessoal do dono na grama alta, de sorte que a busca do cachorro por algo que o dono perdeu e quer de volta se torna o motivo de todas as sessões complexas que se seguem. Com isso em mente, sugeri à mulher que, quando ela toma banho, talvez tenha a sensação de que uma coisa valiosa está "escorrendo pelo ralo". Seu cachorro não errou, ao contrário, foi movido pelo sentimento mais forte de atração ligado à ideia de perda. A mulher pensou que encorajava o cachorro a encontrar a salamandra, mas o cachorro só se preocupou em rastrear a coisa mais importante que ela perdera. Na época, supus que a mulher talvez houvesse deixado cair um anel no ralo e se esquecera do fato. Como muitas vezes acontece quando tenho essas conversas com pessoas que não conheço bem, nunca mais ouvi falar dela, mas tempos depois soube que se divorciara.

Nenhum animal é uma ilha. Conforme já vimos, somente metade do circuito emocional profundo está no indivíduo. A outra metade passa a existir em tempo real quando entra em conjunção com o contrapeso emocional da pessoa. Não somos entidades emocionais isoladas; nosso ambiente e nossos semelhantes escrevem o código que rege nosso corpo. Acredito que o melhor instrumento de diagnóstico seja nosso cão.

O relacionamento que me mostrou isso claramente, pela primeira vez, foi o de Alice com seu galgo de sete anos, Bullet, que era um caso extremo daquilo que comumente chamamos de "ansiedade de separação". Até então, e como na experiência com Necko, eu insistia ainda nas razões mecânicas do comportamento canino: o que o dono fez ou deixou de fazer e como era o ambiente do cão.

Conheci Alice cerca de dois anos depois de me mudar para Vermont. Ela me contou que, quando deixava Bullet [Projétil] sozinho, ele parecia mesmo um projétil, indo de uma parede a outra, ganindo como um louco, espumando pela boca, deixando um rastro de baba e cortinas rasgadas de porta a porta, de janela a janela, hora após hora. Alice fora expulsa de dois apartamentos e estava na iminência de ir para a rua de novo. Escutei pacientemente tudo o que ela tinha a dizer sobre Bullet. A seguir, sugeri que, a meu ver, o verdadeiro problema era o fato de Bullet estar com muita emoção reprimida, a ponto de suas atitudes serem pura e simplesmente uma crise de pânico. "Hum", confessou Alice, "há dez anos eu mesma tive uma crise dessas." Revelou então que sofrera um colapso nervoso total e fora presa por ameaçar os transeuntes com o arco e flecha de seu filho. Em seguida, ficara internada por um ano. A primeira coisa que fez depois de sair fora comprar um filhote, Bullet, para ajudá-la a se sentir, conforme disse, "conectada" a outro ser vivo.

A essa altura, não pude deixar de traçar um paralelo entre o isolamento de Alice no passado e o descontrole de Bullet no presente. Indaguei mais sobre o comportamento do cachorro e ficou claro que o problema não era Bullet amar tanto Alice que não podia passar sem ela. O problema era que Bullet não conseguia *sentir* Alice mesmo quando estavam juntos: o pobre cão também a seguia o dia inteiro, encaixando-se na definição de "cão velcro". Ela não podia nem mesmo tomar um banho sem que Bullet fizesse de tudo para entrar no banheiro. Embora Alice lhe desse muita atenção e cuidados, levando-o consigo sempre que possível, não havia nenhum "sentimento verdadeiro" entre ambos.

Por fora, Alice parecia ótima. Trabalhava, progredia na vida e voltara a se relacionar com o filho. Bullet, porém, nos mostrava algo mais. Alguma coisa estava para acontecer com Alice e esse bloqueio interno se refletia em sua necessidade de ter um cão servilmente devotado a ela. Da perspectiva da "mente grupal", se Alice não se conectava ao seu "eu", Bullet também não se conectava ao dele. Não tinha nenhum corpo emocional no qual processar a emoção e por isso sofria ataques de pânico. Alice era mesmo uma boa aluna. Seguiu à risca o exigente regime de treinamento que prescrevi para poder continuar em seu apartamento. Ensinou o cão a obedecer às suas ordens a fim de aquietá-lo quando achasse necessário e aprendeu o "jogo do rato" a fim de terem ambos um propósito comum, consistente com a evolução dos cães para um objetivo grupal, de modo que Bullet se sentisse realmente ligado a ela. O cachorro não precisa de nossa atenção para se sentir conectado: basta-lhe adotar um propósito grupal comum.

Um dos exemplos mais impressionantes de fala grupal que já vi foi o de um homem que trouxe seu agressivo pastor alemão para eu corrigir. O homem disse que fora acampar (a fim de empreender, em suas palavras, uma "busca espiritual"). Certa vez, voltando de um passeio para o acampamento no meio da floresta, viu aquele belo cão que agia como se estivesse esperando por ele. Passaram os dias seguintes juntos e, quando o homem começou a juntar as coisas para ir embora, o cachorro saltou para sua caminhonete, de onde não quis sair. O homem estendeu a mão para puxá-lo e o cão o mordeu. Após fazer um curativo e deixar o acampamento, o homem o levou para um abrigo perto de onde morava. Manteve contato diário, no entanto, para ver se o dono aparecia. Concluindo que o dono não seria localizado, o homem compareceu ao abrigo e adotou oficialmente o cão. Resolvera ficar com ele para curá-lo da agressividade. (A natureza parece ter uma maneira toda própria de resolver nossos problemas.) Por fim, veio procurar minha ajuda.

Em meu programa de reabilitação de cães agressivos, um dos primeiros passos consiste em ensiná-los a brincar de novo. Como todos os casos de agressão disfuncionais se devem ao medo, isso pode levar algum tempo. Na primeira ocasião em que esse cachorro pegou um brinquedo (na verdade, minha luva), lançou-se sobre ele e levou-o para um monte de neve próximo, onde se pôs a escondê-lo.

Eu disse ao homem que aquele era um comportamento até certo ponto bizarro para um cão tão vigoroso; e, não menos bizarro, o homem me confidenciou que fora abusado sexualmente quando criança. Isso o levara ao alcoolismo e à violência, motivo pelo qual, todos os anos, fazia uma busca espiritual na solidão a fim de renovar seus votos de abstinência e civilidade. Agora, estava casado e feliz. Mas toda vez que seu enteado vinha visitá-lo, ele tirava as latas de seu refrigerante dietético da geladeira e escondia-as atrás da casa. O homem podia ter vencido o alcoolismo e o temperamento violento, mas, segundo seu cão, o medo que o motivava continuava presente. Havia ainda alguma coisa que ele precisava guardar e o cão de que tinha necessidade surgiu do nada para encontrá-lo nos bosques e mostrar-lhe o que era aquilo. Conforme confessou, temia ser amado porque aqueles que amamos sempre nos prejudicam. Seu cão fizera o mesmo e precisava aprender uma coisa diferente. Isso sempre me impressionou: os cães nunca estão errados.

O cachorro conhece o dono de cor. Seu comportamento é como um sonograma emocional do coração do dono ou do grupo. Todo sentimento, impulso, desejo ou medo *já experimentados* pelo dono vêm à tona naquilo que o cão faz. Uma vida inteira de terapia não consegue nos afetar tão visceralmente quanto o diagnóstico comportamental meticuloso que o cão faz de nossos sentimentos profundos. Atitudes interpretadas de maneira totalmente errônea, não só pela sabedoria convencional a respeito dos cães, mas, sobretudo, pela ciência, tornam-se autoevidentes quando vistas como parte de uma consciência em rede.

Por interpretar a emoção como uma consciência em rede, hoje sei que, ao olhar um cachorro, estou na verdade observando a rede emocional à qual ele está ligado. O comportamento do cão é a expressão das emoções que ele capta naqueles com quem está conectado. Nosso cão é um mestre altamente qualificado em captação de emoções. Ele sente tudo o que abala nosso equilíbrio emocional.

CAPÍTULO 15
Como decodificar seu cão

Toque a fita ao contrário.

Nossa personalidade é a maneira como enfrentamos o mundo quando queremos alguma coisa. E, quando queremos alguma coisa, ficamos vulneráveis, de modo que os seres sociais se protegem gerando uma personalidade. Embora a personalidade seja adaptável, ainda assim é um instrumento de defesa e, na verdade, a materialização de um circuito lógico autodestrutivo, um empecilho à obtenção do que queremos justamente porque o queremos. Ver nosso cachorro como um reflexo nosso e não como uma pessoa, em suma, ver cão e dono como um circuito energético ajuda-nos a identificar essa autocontradição. Se pararmos de ler pensamentos naquilo que nosso cão faz, vendo seus atos, ao contrário, como um reflexo perfeito do que sentimos ao agir, muitas constatações úteis podem ser feitas.

Tudo quanto fazemos fica registrado no corpo/mente como em uma fita magnética, mesmo não nos dando conta disso. Do ponto de vista do cachorro, a questão fundamental em qualquer ato ou omissão que ele nos vê praticar é se a emoção não resolvida está sendo acrescentada à bateria, descarregada ou solucionada. Cada instante afeta o momento seguinte e assim, ao longo do tempo, nosso comportamento é na verdade uma onda com picos emocionais e depressões de intensidade, tal como sucede quando transmitimos um sinal de rádio. Nossos atos são parte de um esquema que se estende por horas, dias, semanas, meses e anos; e o receptor é o cão, que experimenta efeitos eletroquímicos bastante reais, produzidos por nossas ações e sentimentos. Por fim, o coração do cachorro aplica esse esquema a atitudes que melhor expressem o conteúdo emocional da história de nossa vida.

A memória física depende da mecânica do movimento. Trata-se, pois, de um cálculo do movimento – e o cálculo funciona da mesma maneira para a frente e para trás. Se utilizarmos esse esquema, teremos uma perspectiva nova. Minha esposa Agi, uma exímia artista, quando trabalha em um quadro costuma virá-lo de cabeça para baixo a fim de constatar se as proporções estão corretas. Invertendo a perspectiva, pode ver a obra com mais clareza. É o que sugiro a você fazer: toque a fita ao contrário. Inevitavelmente, há em seu cachorro coisas de que você gosta e outras de que não gosta tanto assim. Portanto, se reconhecer dois extremos de comportamento que parecem diametralmente opostos, como polos complementares da mesma gangorra quântica, as coisas começarão a fazer sentido. Aquilo que o cão esconde com sua personalidade é expresso por intermédio do comportamento "problemático". Pegue a pior coisa, volte à coisa melhor: é assim que você une os pontos.

Por exemplo, toda manhã antes do trabalho Steve leva Jet, seu grande mestiço de pastor e labrador, à lanchonete, onde, entre um café e umas rosquinhas, convive com o bando matinal de operários e colegas de profissão. Assim tão cedo, todos gozam de uma camaradagem que desafia a estratificação normal do mundo do trabalho. Todos gostam de Jet, e Steve se deleita ao ver seu cão ser tão adulado. Às vezes, Steve o faz exibir suas habilidades e os colegas ficam impressionados. Steve se sente o maior.

Em raras ocasiões, porém, Jet, pode atacar outros cães. Isso ocorre geralmente com o cão de um amigo que se tornou um pouco íntimo demais e descuidado com os brinquedos de Jet. Steve fica mortificado quando tais acessos acontecem e não consegue compreender por que seu cão apresenta essa óbvia contradição interna. Jet, com efeito, mostra-se incrivelmente gentil com crianças e até disposto a acatar suas ordens, podendo também ficar sem incidentes com outras famílias e cães quando Steve viaja. Jet é um cachorro que, acha Steve, atua como o melhor embaixador da boa vontade junto a pessoas que têm medo de cães. Na mente de Steve, há uma estranha discrepância entre os 99,9% de amabilidade de Jet e o raríssimo 0,1% de ocasiões em que ele se revela agressivo.

Assim, pedi a Steve que tocasse a fita ao contrário, que remontasse mentalmente ao lugar e ao contexto dos quais extrai a maior porção de "orgulho" de Jet. Isso é o igual e ao mesmo tempo o oposto das crises. A princípio, Steve não quis acreditar que as duas coisas estivessem ligadas, que seu cão na lanchonete é o oposto e ao mesmo tempo o igual de seu cão quando este fica "com aquele olhar". Expliquei a Steve que a cena na lanchonete é o *input*. O cão se exibe e mostra-se "bonzinho" para que Steve seja aceito pelo grupo matutino antes que o verniz do mundo empresarial desça como um véu e cada um retorne às suas linhas de separação claramente demarcadas. Na lanchonete, todos são iguais, o encanador bate papo com o executivo do banco, as opiniões do garçom sobre os fatos valem tanto quanto as do grande viajante. Graças a Jet, Steve prova seu valor – e, quando alguém precisa provar alguma coisa, invariavelmente a cólera não está longe.

A fim de colocar sua perspectiva sob uma nova luz, esqueça a personalidade de seu cão e adote uma abordagem completamente energética. Pergunte: para onde vai a energia do meu cachorro? Qual é a mais extrema e intensa expressão de energia dele? Comece pelo que menos aprecia, por aquilo que o deixa mortificado, embaraçado, perturbado (se não amedrontado), pois, sem dúvida, isso será a expressão mais intensa da energia de seu cão. Talvez ele tenha medo de tempestades, ataque outros cães, fique irrequieto quando rapazes passam deslizando de skate, pule sobre estranhos, aborreça todas as pessoas com quem você cruza em uma caminhada, pareça maluco quando vê um esquilo. Isso é energia reprimida escapando pelo caminho de menor resistência; isso é a frequência específica a que a camada mais profunda da bateria emocional está sintonizada para achar uma saída; isso é o principal canal para a energia de seu cachorro.

Retorne em seguida à polaridade oposta do esquema energético do cão. Pergunte: o que mais aprecio nele? Esse será o *input*, a carga da bateria. Em outras palavras, o que você pensa do cão nessas horas é o mecanismo de carregamento que, inexoravelmente, leva aos instantes em que o cão descarrega. Você pode dizer algo como: "Amo meu cão porque ele é muito carinhoso". Observe, porém, que essa não é uma declaração verdadeira sobre a natureza de um cachorro; ele não hesita, por exemplo, em matar o gato do vizinho. Portanto, o que a frase significa realmente é: "Tenho de ser carinhoso para que gostem de mim". E o cão a traduziria assim: "Preciso ver doçura em meu cão a fim de ter certeza de que ele me ama". Quer dizer então que, para nós, os cães não são incondicionalmente amáveis porque precisam se conformar às nossas condições caso queiram ser considerados carinhosos por natureza. E quer dizer, finalmente, que não confiamos em nosso cão; ora, como os cães são sociais por natureza, seu papel consiste em provar que estamos certos.

O fato não deve adquirir as proporções de um problema comportamental; pode ser apenas algo levemente incômodo ou até divertido. Há anos, durante o debate inicial de um retiro de fim de semana que conduzi no Centro de Conferências Rowe, em Massachusetts, uma mulher comunicou à assistência que seu cão era perfeito. Na manhã seguinte, antes de iniciar nossos primeiros trabalhos, pedi aos donos que se reunissem com seus cachorros à minha volta em um grande círculo. Meu objetivo era deixar os cães excitados e instar os donos a resistir à tentação de repreendê-los, aprendendo, ao contrário, a maneira de canalizar a energia deles para um estado de atenção calmo – aprendendo, em suma, a conhecer melhor seus cães no processo. Do centro, fui de cachorro em cachorro encorajando-os a se envolver comigo enquanto lhes oferecia um brinquedo ou um petisco; em seguida, fiz com que recorressem ao cérebro pequeno pela maneira como me posicionava e lhes acenava com aqueles incentivos. Canalizei então sua energia para as atitudes de acompanhar, sentar, deitar-se e permanecer quietos, mas sem que experimentassem nenhuma "perda de ímpeto" por adotar essa forma mais controlada de agir.

Naquele grupo, todos colaboraram, menos, é claro, o cão "perfeito". Sentou-se com o traseiro virado para o centro do círculo, olhando para o outro lado, para o horizonte distante, desligado do resto de nós. A mulher tentou convencê-lo a participar, mas, quanto mais o estimulava, mais ele parecia decidido a ficar sentado passivamente, olhando na direção oposta e fazendo exatamente o contrário do que os outros cães faziam. Aquilo deveria abrir os olhos da dona. Ela poderia perceber que sua reivindicação de perfeição se fazia ao custo de seu cachorro não conseguir agir espontaneamente e de acordo com um fluxo grupal. Assim, dado o tema de nosso seminário, ela precisaria exigir bastante de si mesma e mesmo mudar de opinião para preservar sua definição de limites pessoais. Levou o incidente numa boa e todos rimos ao reconhecer que cada qual precisa brincar mais e se abrir mais às oportunidades espontâneas tendo em mira o fluxo. Ao fim do seminário, seu cão já começava a se soltar, ou seja, a própria dona já estava aprendendo a se soltar.

Em tese, tudo o que precisamos fazer para curar nosso cão é simplesmente constatar que o comportamento dele reflete algo que está em nós e o cão liberará essa carga porque ela se expressa, inteira, fisicamente, porquanto nós somos os donos legítimos, a cópia original. Eu consegui mudar meu cão duas vezes graças a esse recurso e vi a mesma coisa em alguns clientes. Mas, como o remédio é a confiança e como a confiança é um músculo, para a maioria de nós e na maioria dos casos é necessário exercitar o músculo da confiança durante muito tempo a fim de obter resultados. Comparo o processo de treinamento de um cão à fisioterapia após um acidente de carro: diariamente exercitamos nossos músculos, que vão ficando cada vez mais fortes. Não é algo que precisamos fazer; é algo que precisamos fortalecer. Nunca dizemos ao médico: "Meus ossos vão sarar depressa porque são ossos 'espertos'". Da mesma forma, digo aos meus clientes: "Não force o processo. Pouco importa que seu cão seja 'esperto'". A tarefa de nosso cão é lembrar-nos diariamente de que esse é o nosso trabalho, até nosso coração ficar tão forte que não haja mais necessidade de sermos lembrados.

Se você gosta de corrida, vá a um ginásio ou faça longas caminhadas todos os dias. Eis aí outra coisa a acrescentar à lista de exercícios: tornarmo-nos conscientes de nosso reflexo no cão e refletirmos sobre os juízos associados a isso. Mas cuidado: nosso aparelho mental quer que tudo se encaixe imediatamente. Quer que o processo acabe o mais depressa possível e volte ao equilíbrio, com a personalidade liderando a carga e tendo, diante dos olhos da mente, uma imagem maravilhosa de como as coisas devem ser. Quando meus clientes começam a trabalhar comigo, esperam que eu mude seus cães e resolva logo o problema. Acham que sou um guru de cachorros, hábil em sussurrar palavras mágicas para que tudo melhore. Fazem-me perguntas como: "Quanto vai demorar?", "O que posso esperar?" e minha favorita: "Qual é a sua porcentagem de sucesso?". Mas a verdade é que não posso arrancar o dono do processo. Ele é o componente principal da mente de seu cão, como em um circuito de energia. Às vezes, um dono, ao deixar o cão comigo, pergunta: "Será que ele vai se esquecer de mim?". Essa não é uma boa hora para piadas, mas respondo: "Espero que sim, para você poder recomeçar".

A fim de deixar as coisas bem claras, não estou dizendo que precisamos mudar nossa personalidade para corrigir nosso cão. Nossa personalidade nos trouxe até aqui; mantém-nos seguros e isso é uma boa coisa. Digo apenas que, quando de fato queremos alguma coisa, é importante não exagerar, não querer agradar ou controlar os outros como uma maneira indireta de obter o que queremos.

O principal é começar reconhecendo no cão o espelho emocional do dono. Temos de aceitar que as coisas complexas, inteligentes, comuns ou extraordinárias que nosso cão faz não passam de reflexos nossos. Quanto mais lúcido e forte nosso coração se torna, mais nossos pensamentos se harmonizam com o que sentimos e então nossos atos passam a fluir do coração. Faça como seu cachorro: ele conhece seu coração, ele sente seu coração, ele sabe o caminho de volta para seu coração.

CAPÍTULO 16
Os cães em minha vida

Há cerca de doze anos, compreendi que um cão é o reflexo emocional de seu dono estudando meus próprios cães. É fácil descobrir o que acontece com os cães dos outros, mas um pouco difícil olhar para nós mesmos em nosso cachorro. Com apenas dez segundos de observação, porém, eu percebia que todo cão meu, quer o houvesse criado desde filhote ou adquirido já adulto, possuía algum traço de timidez. Mais ainda, essa timidez me perturbava profundamente. Coisa estranha, eu me sentia inseguro e mesmo envergonhado quando meu cão revelava timidez. Quase sempre conseguia fazê-lo superar essa deficiência com treinamento. Agora, porém, sabendo que as atitudes do cão são o reflexo emocional do dono, admiti finalmente que o que eu não gostava em Illo era o que não gostava em mim mesmo. Quando olhava para Illo e me sentia enraivecido, embaraçado ou envergonhado – só porque em certo momento ele evitava o olhar de alguém ou se retraía quando tentavam acariciá-lo –, a verdade era que ele se comportava exatamente como eu costumava me comportar quando criança. Ele era eu.

Em seguida, tive de aceitar que eu me tornara meu pai. Precisava controlar Illo para controlar o que Illo me fazia sentir, e isso a despeito de ter criado meus filhos de modo totalmente diverso daquele com que meus pais me criaram – ou não? Talvez eu fosse apenas o oposto de meu pai, mas também seu igual. Pela primeira vez, entendi que, quando observava Illo agindo com timidez, sentia exatamente o que meu pai sentira ao me observar. Eu fazia meu pai sentir o que ele não apreciava em si mesmo: fraqueza, insegurança, vergonha. E isso o deixava furioso.

Illo captava todas as minhas emoções não resolvidas. Na campanha de autoaperfeiçoamento que empreendi durante os tempos de colégio, forcei meu coração mole à submissão: seja bonzinho com todos, jogue futebol, corra, conquiste o mundo, aguente firme. Desenvolvi nervos de aço para ser metade do que meu pai era. Por fora, parecia durão; mas, por dentro, continuava tão frágil quanto uma placa de vidro.

Illo era o cão mais bem-comportado que meus clientes haviam visto, exatamente como eu – o menino mais bonzinho da cidade.

Que fiz então? Trabalhando com cachorros agressivos, aprendi que, por pior que as coisas pareçam, por trás do que quer que um cão faça e não importa o que sintamos, sempre há um impulso positivo, uma força de atração – e isso é sempre saudável. O primeiro passo da cura é simplesmente um ato de autoaceitação de alguma coisa – e isso exige nada menos que uma fé inabalável: não julguemos, por mais que essa coisa nos faça sentir mal. É o que peço a meus clientes que façam quando praticam os exercícios de treinamento que lhes ensino a fim de lidarem com um cão problemático.

Um dos primeiros exercícios é provocar o comportamento "problemático" do cão, seja ele brigar com outro cão ou morder uma pessoa. Em seguida, mostro ao dono como atrair a simpatia do cão com elogios e tons carinhosos de aceitação na voz. Esse ato de "indulgência" a princípio os deixa em dúvida, mas então, para sua grande surpresa e não raro com lágrimas nos olhos, percebem que seu cão está melhorando. O que mais os fazia sentir-se mortificados, aterrados, enraivecidos, humilhados, alienados e nervosos está agora abrandando seu cachorro, conforme podem sentir no fundo de seu coração. Na verdade, não ensino pessoas a treinar cães, mas a aceitar o que seus cães as fazem sentir em vez de reagir instintivamente ao que sentem por causa de seus cães. Quando aprendem a confiar na boa natureza de seus cães, elas aprendem ao mesmo tempo a ter fé na boa natureza da emoção e, consequentemente, em sua própria natureza boa.

Chegou, pois, a hora de praticar o que prego, tudo o que os conselhos que venho dando nos últimos dez anos realmente significam para mim.

Para o mundo exterior, eu era o Sr. Mãe Natureza, mas, por dentro, não passava de um fracote emocional como meu pai. Tinha genes diferentes e personalidade diferente, mas a mesma carga, talvez tão velha quanto a Irlanda.

Por algum motivo misterioso, provavelmente por ser verdadeiro anátema para cada instinto de meu corpo, como primeiro passo de reabilitação, concluí que, ao começar com Illo, devia registrar uma intenção profunda em mim mesmo – assim como, anos antes, tentara recorrer ao meu despertador interno. Pensei: "Daqui por diante, Illo, você poderá fazer o que quiser". Famosas últimas palavras.

Naquela tarde, chegou um cliente com um novo cachorro e, pela primeira vez em sua vida, Illo me desobedeceu. Fugiu quando o dono deixou seu cão sair do carro, o que era um gesto até certo ponto justificável; Illo poderia ser atacado. Não convinha criar um caso por causa daquilo, mas a "rebeldia" de Illo, embora eu mais que ninguém devesse conhecer o problema, encheu-me instantaneamente de raiva. Meu primeiro pensamento e minha reação patelar foi de que, tão logo o cliente partisse, eu adotaria um regime de contenção para que aquilo não voltasse a acontecer. Eu controlaria meu temperamento; afinal, a culpa era minha, pois não trabalhava com Illo há anos. Dali por diante, entretanto, nada de deixar Illo caçar raposas para mantê-las longe das galinhas e nada da vida inteiramente livre de Riley nas imediações da fazenda. Illo precisava voltar aos trilhos.

Mas, quando o cliente se foi, lembrei-me do projeto que elaborara naquela manhã e contive-me. Liberara Illo para fazer o que quisesse – e ele fizera. Sabia que a resposta certa era não tomar nenhuma atitude. Não poderia fugir de meu problema concentrando-me no problema "dele". Não tomaria nenhuma atitude, mas sentiria a vergonha e a aceitaria. Assim, depois que o cliente partiu, fiquei parado sozinho na entrada, sentindo-me diminuído, ferido, humilhado – como me sentia em menino quando meu pai me punia com o açoite da vergonha. Isso me deixou na pior durante semanas, ensimesmado, com um frio nos ossos que não conseguia combater. Pedia a meus clientes que não fizessem nada, não se importassem com a natureza do que sentiam quando seu cão os envergonhava ou irritava – deviam apenas sentir. Ingeri, pois, meu próprio remédio amargo. Soube, pela primeira vez, que estava com o menino que antes fora. Aquele mesmo que eu tentara expulsar de mim mesmo quando iniciei a campanha de autoaperfeiçoamento em longo prazo. Não tentei calar meus sentimentos, minimizar ou esquecer o mal-estar que sentia. Ajudou muito visualizar-me ao lado de meu filho pequeno, Sean, dizendo-lhe: "Pode contar comigo. Sempre estarei aqui, não importa o que aconteça. Amo-o; você não precisa ser perfeito". Essas palavras soavam um tanto piegas, mas sem dúvida me fizeram sentir melhor.

O comportamento de Illo não era um problema e sim a chance para eu descobrir a minha verdade. Todos os cães que eu possuíra estavam ali para me mostrar o lado escuro de minhas luas. E, reconhecendo-me em Illo, eu empreendia uma pesquisa emocional, dando-me a oportunidade de tomar consciência da maneira como vivia e responsabilizar-me por ela.

Depois que passei a me ver em Illo, toda vez que percebia timidez ou medo nele não tentava mais modificá-lo. Não pensava;

apenas sentia. Esses sentimentos me levavam de volta no tempo, a uma época em que ficava aterrado ao perceber que era objeto de atenção, paralisado quando me examinavam ou interrogavam, preso a um buraco negro de autoconsciência de onde nenhuma luz de aceitação poderia escapar. Illo era meu passaporte para os tempos em que me sentia sem nenhum valor, com o mundo inteiro desabando à minha volta. Eu passava da raiva à vergonha, à mágoa, à tristeza, ao medo e daí à resignação. Olhava para Illo, mas me via como criança, sentindo de novo o que sentimos quando à beira das lágrimas, do terror, da humilhação. Nos dias seguintes, revivi a cena na mente sentindo a vergonha o mais intensamente que pude e, como se pressionasse uma ferida, depois de algum tempo a dor começou a diminuir. Dentro em pouco comecei a me sentir mais forte.

Passei então a ter dó de Illo. Sempre gostei da natureza dos cães, mas aquela deve ter sido a primeira vez que senti realmente amor por um cão, meu cão. Um simples ato de autoaceitação mudou minha vida. A constatação mais importante foi que estava usando a força de minha personalidade para, emocionalmente, reprimir minha família. Foi a parte mais difícil de aceitar.

Vale notar que Illo estava com nove anos quando decidi liberá-lo de meu controle e ter meu momento de reflexão. Pormenor curioso, sinais externos de transformação apareceram em alguns dias e não em mim. Foi Illo que começou a mudar, conforme todos observaram – clientes, vizinhos, amigos de meus filhos. Deixou de latir como um tenor ligeiro (eu costumava chamá-lo de meu "cão collie-pastor") e passou a latir como um baixo profundo. A princípio, não sabíamos que cão estava ladrando no pátio; era como se tivéssemos ali um cachorro ventríloquo. Seria um cão estranho? Algum cachorro escapara do canil? Mais curioso ainda, Illo parecia muito à vontade e mesmo sociável; não hesitava em fazer contato com estranhos. Pela primeira vez passou a nos seguir quando íamos jantar na casa dos vizinhos, subindo ao alpendre como se pedisse para entrar, embora durante quatro anos o cachorro deles, Bogie, o assustasse. Eles abriam a porta e Illo desfilava tranquilamente diante de Bogie, que rosnava um pouco, sem no entanto lhe meter medo. Enroscava-se no tapete da sala como se fosse o dono da casa. Eu não podia acreditar em meus próprios olhos.

Comecei a perceber serenidade em Illo, que antes era tão excitável: não se levantava apenas, saltava como se estivesse sobre molas. Era o jeito dele. Agora, defendia seu espaço; não deixava nenhum cão assustá-lo e desafiava qualquer pessoa que parecesse não pertencer à nossa propriedade. Eu ficava surpreso ao ver visitantes se sentindo ameaçados pelo velho e bom Illo. Entregadores permaneciam no caminhão até alguém sair e assegurar-lhes que o cachorro não os morderia. Illo não só defendia seu espaço como ocupava "seu lugar", e outros cães começaram a rodeá-lo com mostras de deferência por aquela espécie de gravidade canina recém-adquirida.

E eu não fizera coisa alguma! Não mudara nada em minha rotina ou na de Illo nem tentara melhorar seu comportamento. Simplesmente o aceitei como era. Era o meu cão, o melhor cão do mundo, pronto a fazer tudo o que eu quisesse e tímido como eu.

Graças a Illo, minha compreensão de que o cachorro reflete inteiramente o dono transformou a maneira como agora trabalho com ambos. Aprendi enfim, por conta própria, que o problema não é o cachorro e sim o que ele nos faz sentir, bem como o que nós pensamos sobre esses sentimentos. Somos testados porque tais sentimentos emanam daquela parte que isolamos de nós mesmos nos primeiros tempos de vida a fim de controlar ou lisonjear os outros. O modo como respondemos aos sentimentos provocados pelas emoções não resolvidas determina o modo como tecemos nossa rede. Podemos recriar nossa matilha ou encontrar nosso lugar no grupo.

Illo morreu dois anos depois. Joguei longe um pedaço de pau, como fizera milhões de vezes, mas quando ele quis correr para buscá-lo, uma vértebra se rompeu em sua espinha e ele não conseguiu mais se sustentar nas pernas bambas. Tinha onze anos. Ainda alimentei a esperança de que fosse apenas um nervo comprimido – talvez dentro de um dia ou dois, com uma injeção de esteroides, ele se levantasse novamente. Mas, quando o pus no carro, disse a Agi que não esperava trazê-lo de volta vivo. Ela o segurou por alguns instantes e deu-lhe adeus. Em um instante, eu me preparava para levá-lo a passear e, no outro, amparava sua cabeça para o veterinário aplicar-lhe a injeção fatal. Sepultei-o junto ao celeiro, de onde ele costumava vigiar as raposas.

Hoje tenho um novo filhote, Hexi. Não saí atrás de outro cão imediatamente após a partida de Illo, mas um dia depois que o sepultei, Ellen, criadora de Hexi, me telefonou de surpresa. Foi interessante porque onze anos antes ela é que me ajudara a encontrar Illo. Ellen estava com uma ninhada de oito filhotes. Coisa estranha: sua cadela, Usa, até então só tivera três filhotes por vez. Ellen precisava achar lares para os filhotes "extras" e só estava ligando para pessoas conhecidas. Perguntou se eu queria ficar com um. Há algum tempo já vinha pensando que nosso próximo cão deveria ser uma fêmea (por ser mais afável) e Ellen me informou que tinha exatamente o que eu desejava. Não acreditando mais em coincidências, concluí que estava destinado a tê-la. Mas devo confessar: estou nervoso. O quê será que Hexi vai me mostrar?

Este livro foi impresso pela Orgrafic Gráfica
para a Lúmen Editorial Ltda.